君たちは"いのち"とどう向き合うか

◉究極の道徳教材&授業づくり

河田孝文 著
Takafumi Kawada

学芸みらい社
GAKUGEI MIRAISHA

まえがき

自分がこのように生まれてきたことへの感謝を実感したのは、小学五年生の時である。

本棚に平積みにされた「おいたち」とタイトルされた自分のアルバムを開いた。

一ページ目には、私の出生直後の写真。その下に添えられた「出生地」「父の名前」「母の名前」「本人の名前」「生年月日」「体重」「身長」「胸囲」「頭囲」の基本情報。次のページからは、誕生から卒園までの一場面が、きれいに並んでいた。写真のそばには、見覚えのある文字で添え書きがあった。母の文字だ。「座布団の上ですやすやお昼寝」「はじめてのお座り」「はじめてのはいはい」「ビニルの馬にまたがりよろよろ」「「どろあそび」「七五三」

ページをめくり、母の文字を追ううち、涙が溢れて止まらなかった。

当時の私は、反抗期。あらゆる場面で、母親に悪態をつき荒れていた。そんなとき、なぜか開いた、自分のアルバム。記憶が一切ない頃の自分の写真を見たら、こみ上げてきた。

「今の自分がいるのは、この人のおかげだ。この世に生まれてこれたのは、お母さんがいたからだ。食事、着替え、おむつ替え……。一人じゃ何もできない。ほうっておいたらすぐに死んでしまう自分をここまで育ててくれたのは、この人なのだ」

船乗りだった父親は、ほぼ一年間家庭不在だった。当時の生活水準は、低かった。二人の子供を育てるために、母親は内職をし家計を支えてきた。女手一つでやんちゃざかり二人を養っていたわけだ。

そんなことには全く気付かない私は、反抗をエスカレートするばかり。そんな頃に、なぜかふと開いたアルバムの写真を通して我が身を振り返り反省した。

空気のように感じていた無償の愛に気付いた瞬間だった。

そして、この世に生を受けたこと、生きていることに感謝した瞬間でもあった。

教師になって、このときと同じ感覚になったことがある。

向山洋一氏の学級通信。次の文章である。

「あかちゃんは風邪をひいて、ハナミズを出しても、自分でどうすることもできないだろう。そういう時は、親がすすってやるんだ」「夜中に起きて、乳をやり、おしめをかえる。そうしたことを君たちは一人の例外もなくされながらおおきくなってきたんだ」「何のためらいもなく、そうしたことができるのは、親子の間だけだ」「自分一人で大きくなったと思いあがるんじゃない。どんなにいやだと見える親でもそうしたことをして育ててくれたんだ。そして、そのお返しを親は何も期待していない」

体に電気が走った。「無償の愛」が私の体を貫いた。私たちは、誰かのおかげで、この世に生を受けた。そして、数えきれない人のおかげで生き続けることができている。生きていることは、キセキなのだ。日々の生活の中では、生きていることへの感謝を忘れている。誰の命も、どんな命も大切にされなければならない。これは、いついかなる時も外せない原則である。

私は、これまで、様々な側面から、生命（いのち）というテーマの道徳授業を創ってきた。

道徳授業は、私が少年時代に体験した親への感謝、生かされていることへの感謝を、凝縮してダイレクトに心に届けることができる。

自分の命だけでなく、他人、動植物他、この世の全ての命について考えてもらいたくて、創ってきた。様々な角度から「命」を見つめるための道徳授業も創ってきた。この本を通して、多くの教室で「君たちは〝いのち〟とどう向き合うか」を問いかけていただけると、うれしい。

本書が世に出るまで、編集に多大なご支援ご協力をくださった樋口雅子氏に心から感謝いたします。

平成三十年四月　　河田　孝文

目次

2 生きているだけで素晴らしい！
―「自分のいのち」を大切にする授業

Ⅲ 「いのち」をつなぐ！ ライフスキル教育

Ⅳ　最新テクノロジーから学ぶ「いのち」とは
――生命の設計図DNAと「いのち」

V　心から他人のことを考える！「いのち」について議論しよう

Ⅵ 歴史の歩み・先人の知恵から学ぶ「いのち」の大切さ

Ⅶ 地球に生まれた「いのち」

I　授業目線で「いのちの授業」をつくる

1　道徳的実践力を身に付けさせる→行動規準を教えよう

1　見えない「心」の教育→「ルール」で見える化すると

「心の教育」という言葉が登場して久しい。聞き心地のよい言葉だ。

「心の教育」とは、何か。

心を教え育てることである。

「心」とは何か。

一般的には、「精神活動の総称」である。

この定義をそのまま義務教育に導入すれば、現場は混乱し混沌とする。

精神活動の側面は、数え切れないくらいある。何が大切で何がそうでないかは、個人の価値観によって違う。

精神活動の一つ一つを吟味していくことは、不可能である。

多くの現場では、「心」を大づかみに漠然と「心」と定義する。

漠然とした「心」に、何を教えてよいかは分からない。

だから、よさそうな活動を適当に見繕って子どもたちに与える（多くの道徳教育研究指定校の定番だ）。

子どもたちに、何を学んだかの自覚はない。

行動も変わらない。

「心の教育」という言葉の登場前後で、子どもたちの何が変わったのか。

何も変わらない。

いや、むしろひどくなった感がある。

いじめも学級崩壊も授業崩壊も窃盗・恐喝・傷害・殺人などの少年非行も、統計上は減少しているが定番化しているともいえる。

「心の教育」の「心」を精神活動全般ととらえるべきではない。

もっと、限定して具体化すべきである。

私は、次のように考える。

心＝行動規準

子どもたちが社会生活をしていく上での、「ならぬはならぬこと」「やらねばならぬこと」を教えていくべきである。

今から十年以上前、勤務した学校の子どもたちの様子に驚いた。

おしゃべりがあふれる始業式。

ほとんどの子が好き勝手をやっている朝学習の時間。

多くの子が遊んでいる清掃時間。

やんちゃな子が席につかない授業の開始。

乱れっぱなしの靴箱。

場所をわきまえない友だち同士の会話。

一緒に転勤してきた同僚は、みんな同じ感想を持った。

次の年転勤してきた同僚も同じ感想を持った。

生徒指導主任になった年、最初の職員会議で、これだけは身に付けさせたいという規範を提案した。

「○○っ子の生活」である。

本校の子どもたちの「行動規準」であり、当たり前となってほしい内容である。

もちろん、いきなり採択はされなかった。原案を提案し、各学年で検討され、生活指導部会の論議を経て改訂されたものである。

この中から、毎月一つを取り上げて重点指導していく。

さらに、行動規準の範囲を学習にも広げて提案した。

「○○っ子の学習」である。

これは、授業中にすべての子どもが守るべき行動規準である。

これも毎月一つを取り上げて重点指導していく（次ページ参照）。

この指導を続けて四年目になる。

子どもたちは、どうなったか。

全校朝会でおしゃべりする子はひとりもいない。

朝学は、どの学級も落ち着いている。

ほとんどの子がだまって掃除をするようにもなった。

どの学年の靴箱もきれいにそろっている。

けじめのある会話ができるようになった。

もちろん、ここにいたるまでには、同僚の先生方の共通理解と、反省と改善による取り組みがあったのは言うまでもない。

「○○っ子の生活・学習」は、スローガンではない。ルールである。

本校児童全てが守り、できるようにならなければならないきまりである。

「できればいいなあ」なんてのんきな姿勢では、絶対に子どもたちは変わらない。

○○っ子《こ》の生活《せいかつ》

① 自分《じぶん》からあいさつをする。
② はきものをそろえる。
③ 校舎内《こうしゃない》は歩《ある》く。
④ 始《はじ》まりの時刻《じこく》を守《まも》る。
⑤ 名前《なまえ》を呼《よ》ばれたら「はい」と返事《へんじ》をする。
⑥ 使《つか》ったものは 元《もと》の 所《ところ》へ 戻《もど》す。
⑦ 給食《きゅうしょく》の後《あと》は，歯《は》をみがく。
⑧ 天気《てんき》のよい日《ひ》は，外《そと》に出《で》て遊《あそ》ぶ。
⑨ だまって掃除《そうじ》をする。
⑩ 下校《げこう》の時刻《じこく》を守《まも》る。

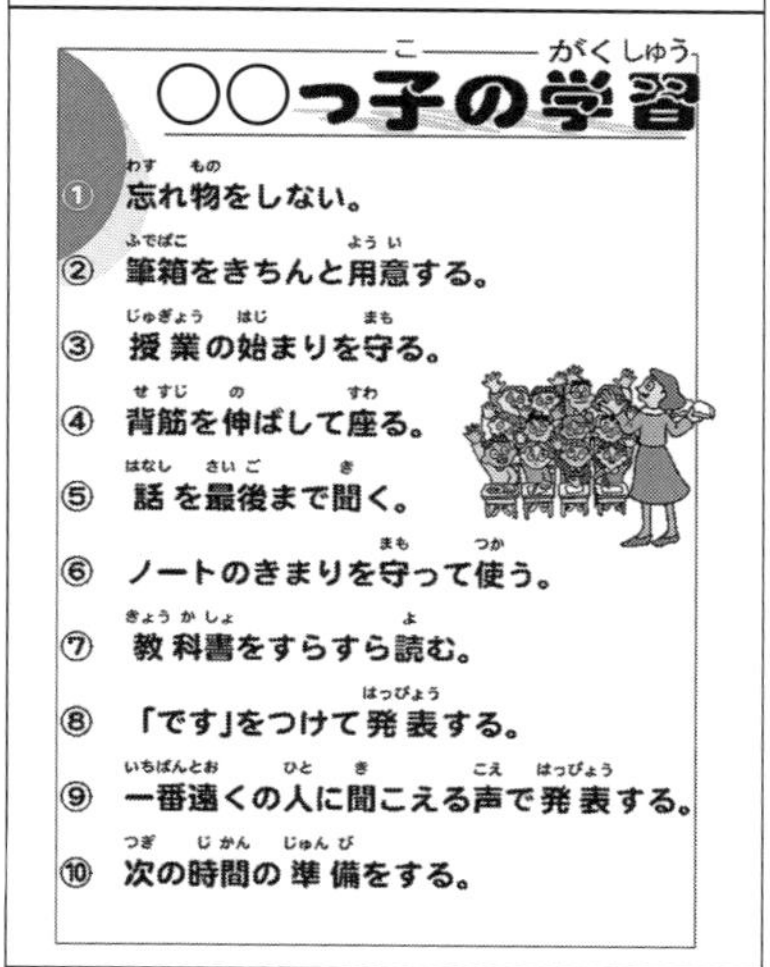
○○っ子《こ》の学習《がくしゅう》

① 忘《わす》れ物《もの》をしない。
② 筆箱《ふでばこ》をきちんと用意《ようい》する。
③ 授業《じゅぎょう》の始《はじ》まりを守《まも》る。
④ 背筋《せすじ》を伸《の》ばして座《すわ》る。
⑤ 話《はなし》を最後《さいご》まで聞《き》く。
⑥ ノートのきまりを守《まも》って使《つか》う。
⑦ 教科書《きょうかしょ》をすらすら読《よ》む。
⑧ 「です」をつけて発表《はっぴょう》する。
⑨ 一番遠《いちばんとお》くの人《ひと》に聞《き》こえる声《こえ》で発表《はっぴょう》する。
⑩ 次《つぎ》の時間《じかん》の準備《じゅんび》をする。

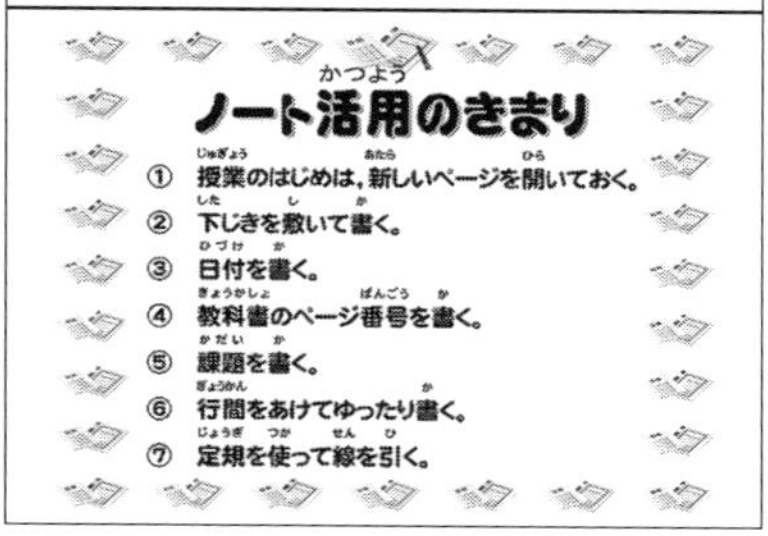
ノート活用《かつよう》のきまり

① 授業《じゅぎょう》のはじめは，新《あたら》しいページを開《ひら》いておく。
② 下《した》じきを敷《し》いて書《か》く。
③ 日付《ひづけ》を書《か》く。
④ 教科書《きょうかしょ》のページ番号《ばんごう》を書《か》く。
⑤ 課題《かだい》を書《か》く。
⑥ 行間《ぎょうかん》をあけてゆったり書《か》く。
⑦ 定規《じょうぎ》を使《つか》って線《せん》を引《ひ》く。

教育は、宝くじではない。

意図的・計画的・継続的な教える側の積極的な働きかけである。

このようなことを書くと、ガチガチの学校生活を連想する人がいる。

「冷たい」とか「厳しい」といった評価をする人もいる。

そんなことはない。

学校には笑顔が溢れている。

子どもたちは、けじめのある生活を送っている。

きまりの中で、のびのびと個性を発揮している。


「心の教育」とは、「行動規準を教える」ことである。

2 「心を考えさせる」→行動パターンで考えると

「心の教育」を「心を考えさせる教育」と考えている教師が多い。

だから、道徳授業の姿は変わらない。

相変わらず、登場人物の気持ちを考えさせ、どうしたらいいかを話し合わせ、感想を書かせて終わる授業が主流である。

「心の教育」という言葉の登場前後で、道徳授業の姿は何も変わらない。

「心を考えさせる」「心を想像させる」という授業スタイルは、改めるべきである。

それを確信する出来事に出会った。

広範性発達障がいに関する学習会に参加したときのことだ。

ある教師が次のような発言をした。

「国語の授業で、登場人物の気持ちを考えさせる発問をしました。『分からない』と言って考えようとしない子がいます」

ある保護者が即答した。

「私の子どもは、人の気持ちを考えることができません」

「私の子どもは、高機能自閉症です。人の表情を見て、感情を判断することができないという障がいがあるのです」

保護者は、さらに続けた。


「『登場人物の気持ちを想像しなさい』という問いは、私には、車いすの子に『歩きなさい』と言っているのと同じに聞こえます。」


衝撃だった。

不勉強な教師の安易な発問が、実は、障がいのある子どもを苦しめていたのだ。

「気持ちを問う発問」に苦しむ子どももいる。道徳授業でも、安易に気持ちを考えさせるべきではないのだ。

では、何を考えさせるのか。

「考えさせる」という発想を変えるべきだ。

大切な生き方を「教える」べきだ。

教えるのは、行動のパターンであり、考え方のパターンである。

『新提案！　授業で生き方のスキルを教える』（ＴＯＳＳ道徳『心の教育』⑯・明治図書）を出版した。

ここには、社会生活において、「自分のことは自分でする」「人に迷惑をかけない」という視点から抽出した行動パターンを教える道徳授業が収められている。

①　あいさつをきちんとする
②　名前を呼ばれたら返事をする
③　くつをきちんとそろえる（いすをきちんとなおす）
④　なにかしてもらったら「ありがとう」を言う
⑤　悪いことをしたら「ごめんなさい」を言う
⑥　後片付けをきちんとする
⑦　ごみが落ちていたら拾う
⑧　時間を守る
⑨　ルールを守り、ずるをしない

ごくごく当たり前のことばかりである。

しかし、これら全てができるようになるのは、並たいていではない。

教えなければ、できるようにならない。

これらは、躾《しつけ》ともいう。

躾をするのは、数十年前までは家庭であり地域であり仲間であった。

私は、子どもの頃母親から次のことを折に触れ聞かされてきた。

「履物は、家の顔なんよ。よその家に行ったとき、初めに目に入るのは玄関の履物でしょ。履物がそろってない家は、住んでる人もそろってないように見えるんよ」

何度も何度も聞かされて刷り込まれた。そのたびに、教えられた。

「かかとをきちんと手で持ってそろえなさい。かかとをこっちに向ける。あとで履きやすいように」

もちろん、実際にやらされた。やったあとは、必ず褒められた。

何度も何度も言われ、やらされると、次のような状態になった。

「履物がそろっていないと気持ち悪い」

私は、自分の家だけでなく、どこに行ってもそろっていない履物に無意識に手が伸びるようになった。

このような些細であるが大切なことをいろいろと、母親から教え込まれた。昔は、どこの家庭でもそうだったのだろう。

これを、脳科学の視点から眺めてみる。

人間の記憶には大きく「知識記憶」「経験記憶」「方法記憶」「その他」がある。（『記憶力を強くする』池谷裕二・講談社より）

知識記憶とは、情報としての記憶。受験勉強のほとんどがそうだ。

経験記憶とは、個人の思い出。失恋、出会い、試験合格、不合格……。

方法記憶とは、体に染み付いた物事の手順。ボタンの留め方、自転車の乗り方、泳ぎ方など、一度身に付いたら、時間が経っても忘れない記憶である。

躾は、方法記憶である。つまり、一度身に付いたら、忘れることのない記憶である。方法記憶は、一度身に付いたら、意識しなくてもできるようになる。体が自然に動くのである。

方法記憶は、あまりに強固である。

間違ったこと、癖のあることを身に付けてしまうと、そのあとで正しいフォームに修正しようとしてもなかなかできない。

間違った生活習慣が一旦身に付いてしまうと、よほどのことがない限り修正はできないのである。

心の教育は、心を考えさせることではない。

行動規準を身に付けさせることだ。

3 「いのちの教育」→「自分のいのちを守る」スキルが急務なわけ

いのちの授業の先行実践はたくさんある。「死」「ハンディキャップ」をテーマに「いのち」の大切さを伝えるというもの。例えば、「いじめによる自殺」「事故死」「闘病生活」「先天性の障がい」等々。

「死」「障がい」と比較していのちの重さを感じさせるというコンセプトである。

もちろん、これらを教えることはとっても大切である。

しかし、「死んだらおしまい。生きていることが大切」「ハンディキャップがあっても一生懸命生きている人がいる」というのは、あまりにも一面的すぎやしないか。

「生きていることは貴い」「たくさんの人のおかげで生きている」「生きていることに感謝する」…な

ど、もっといろいろな角度から切り取った「いのちの授業」が必要である。

また、授業の組み立てにも異議がある。そのほとんどは、新聞記事など生《なま》の資料をそのまま提示し、感想を書かせる組み立てとなっている。

子どもは、「かわいそうだ」「すごい」「許せない」などの感想を持つ。

伝わるのは、資料という限定された事実への感動や感情である。

これは、映画やドラマと同じである。

映画やドラマは、娯楽である。感動や感情を提供できれば、それでよい。

授業は、教授行為である。

子どもの生活・人生に役立つ指針となる何かを教えなければならない。

娯楽で終わってはダメなのである。

授業を通して、生き方の原則が伝わらなければならない。

資料を通して生き方の原則が伝わるような組み立てにしなければならない。

あるいは、生の資料を意図的に加工しなければならない。

私は、これまで次のような「いのちの授業」を提案してきた。


【いのちの授業をつくる】

■　いのちは支えられている―無償の愛
■　みんなで支えるいのち―ベト・ドク
■　いのちの重さは同じ―国境なき子どもたち
■　自分のいのちを守る（1）―自分の脳を守る

■　自分のいのちを守る（2）―いのちを守る食
■　絶望からの生還―太田哲也の生きざま
■　生きてるだけで人の役に立ってる―岡田たかし君が教えてくれたこと

そして、さらに新しいタイプの「いのちの授業」が必要だと強く感じている。

小学生が同級生のいのちを絶つ事件が報道された。事件については、様々な事実や憶測が飛び交っている。つまり事件の要因を一つに特定することはできない。

しかし、これだけは言える。

凶行にいたった当事者は、「いのちがなくなる」「死」とはどういうことなのかを深く考えてはいなかった。

その他大勢の子の中にも、実感できない子はいるだろう。いや、少なくないと思う。

「いのちを絶たれた人は、二度と帰っては来ない」ということを教えなければならない。

そして、「大切ないのちを誰にも奪う権利はない」ということや「自分のいのちでさえ自分で奪ってはいけない」ということを教えていくべきだ。

さらに、児童誘拐事件が頻発している。

誘拐されたら、どうなるかということをしっかり教えなければならない。そして、そのような危険を回避するためのスキルを教えていく必要がある。「いのちの教育」は、貴さや重さを教えることはもちろん大切である。

その上で、自分のいのちを守るスキルを教えることが急務である。

2 「いのちの授業」をつくる道徳授業の組み立て方

1 授業目線で指導内容をカテゴライズ！

新学習指導要領（平成20年告示）で、道徳教育は最重要課題の一つである。学習指導要領の改訂は、その時代の教育課題の反映である。最も弱い部分が改訂され、重点化される。

新しく設定された内容項目は、以下のとおりです。

（小学校低学年）
Ａ〔個性の伸長〕Ｃ〔公正、公平、社会正義〕
Ｃ〔国際理解、国際親善〕

（小学校中学年）
Ｂ〔相互理解、寛容〕Ｃ〔公正、公平、社会正義〕
Ｃ〔国際理解、国際親善〕

（小学校高学年）
Ａ〔真理の探究〕Ｄ〔よりよく生きる喜び〕

（中学校）
Ａ〔真理の探究、創造〕

新学習指導要領の重点項目には全面的に賛成である。

なんとかしなければならない。

さて、指導の重点項目は分かった。

肝心の指導内容は、どうか。

新学習指導要領にも、四つのカテゴリーがある。
Ａ　主として自分自身に関すること
Ｂ　主として他の人との関わりに関すること
Ｃ　主として集団や社会との関わりに関すること
Ｄ　主として生命や自然、崇高なものとの関わりに関すること
これらの下に合計二十前後の指導内容が置かれている（低学年一六、中学年一八、高学年二二）。

新学習指導要領と現行の内容項目を比べる。

変化は、ほとんどない。

その後の指導計画の作成と内容の取扱いなどには、「校長や教頭などの参加」「他の教師との協力的な指導」「道徳教育推進教師を中心とした指導体制」などの文言がならんでいる。

しかし、肝心の内容項目は、微修正にとどまっている。

断言しよう。

これでは、現場の授業は何も変わらない。

ほとんどの現場教師は教科書に沿って道徳授業を実施する。

内容項目が変わらなければ、現場の授業は変わらないのである。

現場が最も大きいと思うテーマをまとめると、

1　ルールを守る
2　マナーに気を付ける
3　モラルを大切にする
4　いのちを大切にする
5　自分を大切にする
6　思いやりの心をもつ
7　その他

モラルは、「意思決定」である。ルールやマナーは、実行してこそ意味がある。集団や社会のために正しいことを選択する心がモラルである。

現在、もっとも希薄になっているこの三項目を先頭におく。あとは、「いのち」「自尊心」「思いやり」となる。

当然これらだけでは足りない。個人の道徳性のベースとなることがある。

例えば、「自然愛護」「日本人の気概」「努力」などなど。

これらは、「その他」にひとくくりにする。

とにかく、現在最も必要とされている内容を明確化する必要がある。

だから、最優先課題ではないけれど、大切なことは、「その他」にカテゴライズする。
これらを低・中・高学年の発達段階で必要な内容を抽出していく。
例えば、ルールについて。
低学年では、遊びを通じて。
中学年では、それに加え学級や集団行動。
高学年では、それらに加え学校や社会のルール、条例や法律など。
今後は、これらの内容項目を埋める作業を進めていく。授業実践とともに。

2 「教えたい生き方」で指導方法を選ぶと

指導内容の教え方は、（読む時期によるので）様々にある。
教える方法で、教える内容も違ってくる。
これからの授業を考える上でとても大切なことである。
道徳授業には大きく次の五つの型がある。

① スタンス型

人間としての生き方（姿勢）すなわちスタンスを教える授業。先人やヒーローの生き方・考え方を伝えることが授業の骨格である。スキルを教えるのではなくスタンスを教えるので、子どもの行動がすぐに変わるわけではない。

古今東西の先人の生き方のエキスを子どもの中に蓄積していくのである。

評価は授業後の作文でする。評価規準は、「授業で伝えたかった生き方を作文に綴っている」である。生き方からいくつかのキーワードを抽出し作文を評価していく。

②　スキル型

人間として社会生活をする上での生きる術、すなわちスキルを教える授業である。

生き方のスキルの基本形を教え練習をさせるので、よい授業ならば、子どもの行動は変わる。

評価規準は、「教えた基本形ができる」である。

現状ではこのスタイルの道徳授業はほとんどない。しかし、とても大切な内容が含まれている。とりわけ善悪の判断を身に付けさせる低学年の道徳授業にはぜひとも必要な型である。

③　反省型

自分の生活を振り返らせる授業である。読み物資料の世界と自分の生活を対比させて、自分の行動を反省させるというのがねらいである。授業の組み立ては、①経験を思い出させる、②登場人物の気持ちを発表させる、③どうすればよかったのか発表させる、④教師の説話を話す、という展開となる。

これまで実践発表されてきた圧倒的大多数がこのスタイルである。

教えたいことも評価規準も明確でないので、子どもは何を学んだのか自覚できないことが多い。終末の子どもの作文を読めば分かる。

④ 批評型

新聞記事・写真などを示し、現実社会の出来事を子どもに批評させる授業である。

事実を扱った資料のため、子どもは確かに本気になる。

しかし、子どもは、どのような生き方を学んだのか自覚できない。

これは、教えたい内容が資料そのものだからである。

指導者の側に、「教えたい生き方」という視点がない。評価規準は「資料について意見を言った」「作文を書いた」となるため、子どもは道徳として何を学んだのか自覚できない。

⑤ 体験型

実際の活動・体験を通して、道徳を学ぶ「学習スタイル」である。

例えば、保育園訪問、老人ホーム訪問、車いす体験、アイマスク体験など。

研究会などに参加すると、書籍だけでは学べない大切なことをたくさん提供してくれる。しかも、実感を伴うので、記憶も強固である。

こちらが教えなくても、体験の中から子どもたちはたくさんの大切なことを学ぶ。

指導方法／指導内容	①スタンス型	②スキル型	③反省型	④批評型	⑤体験型
1、ルールを守る					
2、マナーに気を付ける					
3、モラルを大切にする					
4、命を大切にする					
5、自分を大切にする					
6、思いやりの心をもつ					
7、その他					

3　指導内容と指導方法のマトリックス

自分がどんな内容をどんな方法で教えようとしているのかという自覚が必要である。そのために、指導内容と指導法のマトリックスをつくる。

縦軸と横軸の交差する部分の授業を作っていく。

II

「いのちを守る」いじめ防止教育

1 いじめと闘う！ 学級のいじめ発見・対処システム

1 いじめは犯罪である！

いじめは、クラスだけの問題ではない。

いじめに関わる全ての人は不幸になる。

いじめで失われる被害者の命。

命を失った子の関係者の悲しみ・怒り。

非難にさらされる加害者とその関係者。

加害者の保護者が職を失い、住居を追われるという例もある。

「わが子がいじめをした」ことに責任を感じ、自殺してしまった保護者もいる。

学校には生徒の生命・身体・精神等に対する安全配慮義務がある。いじめが発覚しても、何も手を打たなければ、教師や国、都道府県・市町村は法的措置をとられることさえある。

「いじめを把握できたはずである」と、安全配慮義務違反を認めた判例も出ている。

教師や学校がいじめに対応できないということは、即ち犯罪ということなのである。

2　いじめ発見システムとは

いじめは、いつでも、どこでも、誰にでも起こる可能性がある。

しかし、深刻な問題に発展してから対応を悩んでいたのでは手遅れである。

いじめが起きてもすばやく対応し、解決していく仕組みが必要である。

いじめには、学校のシステムとして対応していかなければならない。「いじめ」には、次の二つのシステムが必要である。

> 1　いじめ発見システム
> 2　いじめ対処システム

いじめは、水面下で進行する。

表面化したときには、深刻化している。

その前に発見しなければならない。

それが、ＴＯＳＳが提案する「いじめ発見システム」である。発見システムには、医療の診断法になぞらえ「触診」「問診」「精密検査」の三段階がある。

「机を離す」「発表をひやかす」など学級の様子から教師が判断する触診。

アンケートを通していじめの有無を判断する問診。例えば「一人ぼっちの子調査」といった特定の観点に沿った具体的調査を実施する精密検査。このようなシステムが機能してこそ、いじめを発見できる。

3　いじめ対処システムとは

いじめを発見したら、対処しなければならない。そのシステムが学校に必要である。

1　解決までの危機管理
2　深刻化する前の教室での危機管理
3　いじめの事実記録
4　本人、保護者を安心させる危機管理

それぞれの場面で、誰が、どのように、いつまでに動くのかというマニュアルを完備しておかなければならない。

このような危機管理マニュアルがそれぞれの学校に明文化され、機能することが、いじめから命を守り、いじめにかかわる人の人生を守ることにつながる。

これらのマニュアルが使われないよう、いじめを小さなうちから摘み取っていくことこそ大切なのだが、もしものときの危機管理システムは絶対必要である。

4　規範の意識化で自然に体が動く―「いじめられ体験」で学んだこと

弱いもののいじめをしない

集団生活で、子どもに教えるべき規範は、これに尽きる。「規範」とは、行動や判断の基準・手本である。規範は、身体化しなければ機能しない。身体化とは、脳に回路ができることである。脳の回路は、一度や二度見聞きしただけではできない。

様々な場面で繰り返し巻き返し教えられ、やらされてようやくできる。

人間は、脳にできた回路を元に判断・行動を決定する。

それは考えるというレベルではない。

感じるというレベルである。

例えば、「履物をそろえる」という規範がある。

習慣化し、自分でやっていると「すごいね、きちんと靴をそろえたね」と褒められる。

賞賛は、行動の最大の原動力である。

褒められれば嬉しい。だから、またやる。

やってると、お客さんに褒められる。

またうれしくなる。

これをくり返すうちに、そろってない靴に違和感を覚え始めた。

「履物がそろってないと気持ち悪い」と感じるようになったのだ。

違和感は、よその家でも感じる。友だちの家に遊びに行った時、自分の履物をそろえる。ついでに友だちの履物もそろえる。

それを見た大人からまた褒められる。

自分は、これっぽっちもいいことしたつもりはない。

「こんな当たり前のことやって褒められるんだ」と思ってしまうがうれしい。

このように、「履物をそろえる」という回路は強化され身体化した。

そうなっていないと気持ち悪い

状態にまでなるのが「規範意識」というのではないだろうか。

理屈で云々ではなく、目の前の状況に強い違和感を感じる。これが、規範が意識化した状態なのだと思っている。

「弱いものいじめをしない」という規範がある。

いじめをする子は、自分より立場が弱いものをいじめることに、違和感を感じないのであろう。自分のやってることへの気持ち悪さや居心地の悪さを感じないのだろう。

例えば、次のようないじめ。

> 教室に入っても誰も雄二君に話しかけないし、見ようともしない。一日中それが続く。授業でグループごとの作業になると、雄二君と同じグループになった子達は「なんでこいつがいるんだよ」と言い、雄二君には何もやらせない。(『教室の悪魔』山脇由貴子・ポプラ社より)

いじめには、必ずボスがいる。

ボスは、弱いもをいじめるのが楽しくてしかたない。自分の企てで困っている被害者を見てよろこんでいる。「弱いものいじめをしない」という規範が麻痺している。

小さいころに、親や周りの大人から「弱いものいじめをしてはいけない」ということを、繰り返し巻き返し教えられてこなかったのだろうと推測する。

周りの子もそうだ。ボスの企てで困り憔悴しきっている被害者を見て何もできない。また、「無視」というじめに加担する。

「味方をすれば自分がやられる」という恐怖もあるだろう。それでもなお、このような不正が我慢できないという状態にはなっていない。

これも、教えてこられなかったのだろう。

私は、小学生の時にいじめにあっている。

「無視」である。

ある日、突然無視がはじまった。

心当たりは、全くなかった。

しかし、誰も口を利いてくれなくなった。登校から下校するまで、誰とも話をしない状態が一か月続いたのである。

口を開くのは、授業中の発表（指名されたとき）と給食のときだけである。

あとは、ずっと一人で過ごした。

下校も当然一人である。数十メートル先には、ボスが、一か月前までの私の友だちと楽しそうにおしゃべりしながら帰っている。

下校時、私も口を開いた。学校から家までの歩数をぶつぶつ数えた。

それ以外に口を開く必然性がなかった。友だちと話をしたかった。そのときの思いが今でも強く残っている。学級の子どもがこのような状態になっているのに、担任は、全く何もしてくれなかった。一か月も一人ぼっちにされているのだから、学級で異質な空気が流れていたはずである。

にもかかわらず、担任は全く何もしなかった。ボスの手口がよほど巧妙だったのだろう。担任は、気づいていなかったのだ。

だから、向山洋一氏の「いじめ発見システム」の重要性が実感を伴って分かる。

担任は、その後、出世して校長になった。しかし、私は、担任を許せない。学級のたった一人の子の苦しみが分からない教師を私は認めない。

無視がはじまって一か月経ったころ、以前の友だちが打ち明けてくれた。

「ごめんね。ぼくもこんなことしたくない。でも、『やらないとこんどはおまえだぞ』って言われたから」

たったこれだけだったが、とてもうれしかった。久しぶりに友だちと話ができることへの喜びがあふれた。

「なんで、おれ、無視されるの？」

その子に聞いた。

「おもしろいからって」

聞いた瞬間に怒りがこみ上げてきた。

すぐに、ボスの所に行き、殴りかかった。

ボスは、一瞬あっけにとられた。

もともと喧嘩が強くてその位置にいたわけではなかった。

終始こちらが優勢であった。喧嘩が終わり、状況は一転した。さっきまでのクラスのボスは、最も弱い立場に転落した。

これも、小さいときに教えられたことだ。

「悪いことを許してはいけない」「立ち向かえ」と小さいときに刷り込まれてきた。

だから、このときも小さいとき教えられたことに後押しされての行動だった。今、思えば、手段に問題はあるが。

もちろん、そんなこと意識してない。

このように、

無意識に体が動く

状態こそ規範が意識化されたといえる。

5　善悪の判断を教えられる場―家庭から学校へ

またまた幼少期の話である。

テレビ番組で、兄弟で仲良くお菓子六個を分けあう場面があった。

「あんたならどうする？」

と母親に問いかけられた。

私は迷わず「弟に三こあげる」と答えた。自信があった。ほめられると思っていた。

しかし、母親は黙っていた。

少し考えて、「弟に四つあげる」と答えた。すると、褒められた。そして、言われた。

「どうしたら相手が喜ぶかを考えなくちゃね」

このようなシミュレーションを小さいころやらされた記憶がある。

善悪の判断である。

また、「ものを粗末にすると目がつぶれる」「そんなことしたらバチがあたる」「人をいじめたら自分にかえってくる」など科学的には実証しようないことで善悪の判断基準を教えられてきた。でも、それらの積み重ねが、現在の行動の支えになっている。

このような善悪の判断を小さいころから教え、刷り込まれることにより、規範は意識化する。

それを担当するのが家庭であり地域であった。

現在の社会にその機能はなくなった。

しかし、教えなければならない。

その役目を学校が担当する。

授業という形で子どもたちに教え受け継いでいかなければならない。

もちろん、教育の場では「確定された真実」を教えなくてはならない。「確定された」とは、「それぞれの学会で認められた」ということである。

6　いじめが原因の脳の疾患とは

いじめが原因で心身の障がいをきたすことがあるという。

医学的にこれが認められるなら、「いじめ」は、犯罪とみなされる可能性がある。

脳には、扁桃核という部位がある。

東北大名誉教授の松沢大樹氏は、膨大な数の生きている人間の脳を検査している。

その世界では、「イメージング脳科学の権威」と呼ばれている。

扁桃核は、いじめを受けると傷が生じることが、研究で明らかになった。

心が傷つけば脳にも傷がつく。

松沢氏は、研究の結果、「すべての精神疾患は脳内の『扁桃核』に生じる傷によって起きる」と結論づけている。

傷というのは、比喩ではない。

本当に脳に「穴」ができるのだ。

松沢氏が開発した断層法という撮影方法によって、その傷がとらえられるという。

松沢氏は、

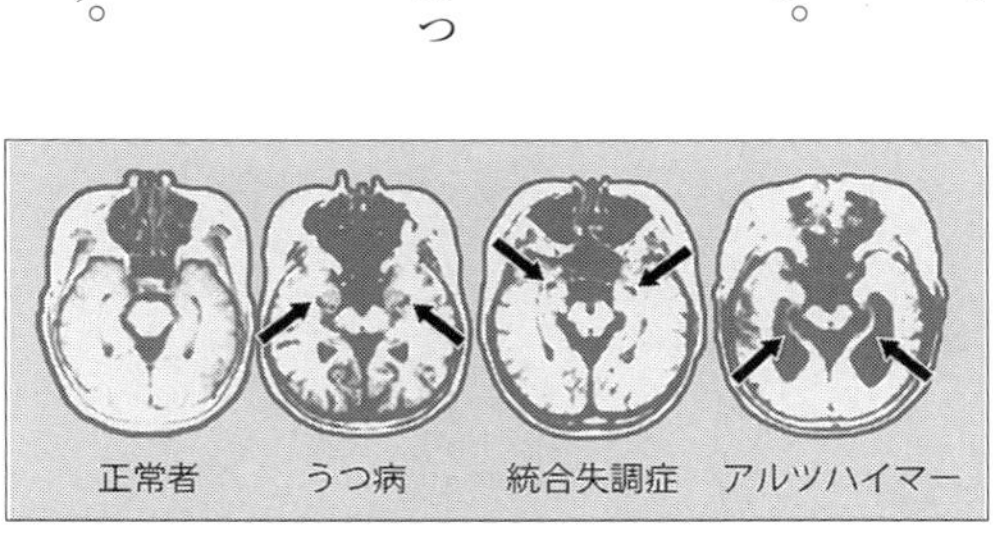

〈扁桃核に傷がつくと、精神疾患が起きる〉

と推測している。

うつ病や統合失調症と診断された患者を検査したところ、全員に扁桃核に傷が認められた。

さらに統合失調症より、うつ病の症状が優勢な場合には、扁桃核の傷のほか、隣接する「海馬」の萎縮も現れるとしている。

そして、これらの患者の中には、深刻ないじめを受け続けた子が一〇〇人以上含まれていた。

つまり、

〈深刻ないじめをうけた子どもたちは、全て扁桃核に傷が生じている〉

ということである。

ある少女は、容姿が原因で、中学・高校を通じて、いじめにあった。心の不調は十五歳で発症し自殺未遂を何度も繰り返した。脳の断層撮影をすると、うつ病と統合失調症に特有の傷が、扁桃核にそれぞれ認められた。

扁桃核に傷がつく原因は、

〈脳内の神経伝達物質のドーパミンとセロトニンのバランスが崩れるせい〉

と松沢氏は推測している。

セロトニンとドーパミンは、ノルアドレナリンと並び、体内で特に重要な役割を果たす三大神経伝達物質といわれている。

それぞれの神経伝達物質は、脳に次の効果をもたらす。

セロトニン：安らぎ
ドーパミン：喜び、快感
ノルアドレナリン：恐れ、驚き

継続的に精神が不安定になる人は、セロトニンが減少し、ドーパミンが過剰になる。

そして、ドーパミン毒性が脳に傷をつけているのではないかと松沢氏は推測する。

7　好き嫌いを司る脳の扁桃核とは

人は、多くのものを「好き」「きらい」でカテゴライズする。

好き・嫌いを決めるのは、扁桃核である。

『脳の探求』スーザン・グリーンフィールド著（無名舎）によると、その仕組みは、次のようになっている。

① 扁桃核には視覚、聴覚、嗅覚、味覚などの情報が集まる。
② 扁桃核は、それらの情報を視床下部に送る。
③ 視床下部とつながっているA・10という神経からドーパミンが出始める。
④ この時の快感が「好き」という感情を生む。
⑤ 扁桃核の細胞に「好き」という感情が記憶される。

扁桃核には、「嫌い」に反応する細胞もある。

「嫌い」という感情も記憶されるのである。

猿はスイカが大好物である。

猿の扁桃核にはスイカに反応する細胞が存在する（スイカ細胞と呼ばれている）。

この細胞は、スイカを見るだけで活発に反応する。ところが塩をかけたスイカを与えると、一、二回口にしたあと全く見向きもしなくなる。

扁桃核のスイカ細胞は、スイカに反応しなくなっている。

つまり、スイカに対する感情が「好き」から「嫌い」に上書きされたのである。

ヒトの扁桃核にも「好き」「嫌い」を記憶する細胞がある。

好きな食べ物や嫌いな食べ物、笑顔などの表情など、特定の好きな人の顔・姿・声や特定の嫌いな人の顔・姿・声に反応する細胞がある。

例えば、多くの子どもは、病院が嫌いである。

これは、扁桃核の視点から説明できる。

子どもは誰でも最初からお医者さんが嫌いなわけではない。

ところが痛い予防注射を受けると、かなりの子どもがお医者さん嫌いになる。

扁桃核は、お医者さんを見たときに味わった「痛い」という情報を受け取り、「嫌いな人」と記録してしまう。

次回からは、お医者さんを見ただけで恐怖を感じるようになる。

病院で泣き叫ぶ子どもたちは、考えてそうしているわけではない。

扁桃核の記録を瞬時に照合して「嫌い」と反応しているのである。

お医者さん嫌いは生後3か月から始まる三種混合の予防接種で始まる。三種混合の予防接種は特に痛いので、一回でお医者さん嫌いが成立する子どももいるし、二回目以降に生じる子どももいる。

注射器を見せないようにして行ってもお医者さん嫌いを生じる。

もっとも、注射器を見せても、注射したり、その後もんだりするときに母親だけを見せるようにすると、意外とお医者さん嫌いは生じないという事例もある。

お医者さん嫌いは一生続く強烈な記憶となる。お医者さん嫌いは、扁桃核が司る動物的な恐怖の条件反射であるといえる。

8　不登校は学校での怖い体験から始まる

お医者さん嫌いを学校にあてはめて考えてみる。

学校で怖い体験をした子どもは、扁桃核に「学校は嫌い」という記録をしてしまう。

脳は、嫌いなものは、回避する行動に出る。つまり、脳は、「学校に行かない」という選択をする。

しかし、多くの子どもは、保護者からの圧力で、学校に行かないという回避行動はとりにくい。

その姿が学校への行き渋りである。

行き渋りは、回避できない学校という恐怖に必死で抵抗しているのである。

脳は、回避できない嫌悪刺激と闘っているのである。

しかし多くは、回避できず、恐怖をいろいろな形で表現しているのである。

恐怖が強くなればいろいろな精神症状を出すようになってくる。

ここで、扁桃核のセロトニン・ドーパミンの分泌バランスが崩れ始める。

そして、ドーパミンの毒性が、扁桃核そのものを攻撃し始める。

扁桃核は、耐えきれず傷が生じる。

その結果、学校へ行けなくなる。

こうなると、保護者がどのようにしても学校へ行くことを断固拒否するようになる。

そう、不登校である。

9　いじめは脳を傷つけている

幼少期に受ける極度のストレスは、扁桃核に傷をつける。

扁桃核が損傷すると、これらの細胞が働かなくなり好き嫌いがなくなる。
そして、情動を伴う視覚的な識別能力に障がいが出る。

例えば、目の前にあるものが食べ物かそうでないかの区別が付かなくなり、普段なら恐れる敵にも平気に近づき、攻撃されてけがをする、といったようなことなどが起こり始める。

それが原因で、感情のコントロールがうまくできず、成人になってからもパニック障がいなどを発症させると考えられている。

扁桃核に傷がつくと「愛が憎しみに変わる。さらに記憶認識系、意志行動系などおよそ心身のあらゆることに影響を与える」。（中日新聞　二〇〇七年三月十六日特集『いじめと生きる』）

技術開発と研究の進化のおかげで、それまでブラックボックスだった生きている人間の脳の内部が徐々に明らかになってきた。

そして、目には見えないと思われてきた、いじめによる「心の傷」までも確認できるようになってきた。

いじめは、脳を壊す。
だから、いじめは犯罪行為。
いじめは、傷害罪である。

長期のいじめは扁桃核の働きに異常を与える。

扁桃核の働きの異常によって、社会生活に大きな障がいが起こる。

医学から見ても、「いじめ」は犯罪である。

もっとも、扁桃核の傷は、病気の症状が治まると消えるそうだ。

松沢氏によると、治癒する時に、海馬の神経幹細胞が増生し、傷を埋めたり、修復したりするそうだ。

扁桃核の傷は、「ほとんどすべての人が適切な治療によって治癒することが分かってきている」という。

いじめによる扁桃核の傷は、治すことができる。

それだけが、かすかな救いである。

医学から見た「いじめ」の深刻さを子どもたちに教えていかなければならない。

道徳授業というフィールドで。

2　生きているだけで素晴らしい！——「自分のいのち」を大切にする授業

「いのちの授業」の根本的な目標は「生きていくことの大切さ」を教えることである。

どんな逆境にあっても、どんな挫折に打ちひしがれようとも、最終的には立ち上がり生きていく。強くなくてもいい、弱弱しくてもいい、とにかく「生きていく」ことが大切なんだ。

締めくくりを前にした際、子どもたちに伝えたい。

道徳授業　生き続けようって思うね！

1　人の役に立つためにできることは？

自分ができる人に役立つことを思いつくだけノートに書きなさい。

次のようなものが出た。

笑う／何かを手伝う／挨拶をする／荷物を持ってあげる／道案内をする／目の不自由な人の手助けをする／ごみを拾う

2　人に役立つことをしているある学級

「みんなと同じ六年生で人の役に立つことをしている学級がありました」

ある学級の写真を何枚か提示する。

「どんなことをしていますか」

子どもたちが写真を見て答える。

車いすを運んでいる／小さな子をおんぶしている

「身体の不自由な友達のお手伝いをみんなでしているんだね。助けてもらっているのは、この人です」

「岡田隆嗣（おかだたかし）」とスクリーンに出る。

「たかし君は、生まれたときから心臓の病気でした。思いっきり走ったり、跳んだり跳ねたりすることができません。ほとんど車いすの生活でした。小学二年生のとき、血液が脳にあまりいかなくて、脳の病気になってしまいました。命は取り留めたのですが、身体の右半分が動かなくなり、ほとんど左半分だけで生活しています」

たかし君は、みんなに助けてもらって、どんなことを思っていたと思いますか。

お返しがしたい／うれしかった／ありがとう／みんなのおかげで楽しい

3　人の役に立ちたいと考えるたかし君

「もちろん、感謝の気持ちはたくさん持っていました。だけど、たかし君は、それだけではなかったのです。どんなことを思っていたのか、スクリーンをごらんなさい。」

たかし君のインタビューが流れる。

> 人の役に立ちたい。やってもらってばかりだから、少しくらいはみんなに僕だってやってあげなくちゃなぁと思って。

「たかし君は、自分も人の役に立ちたいと思っていたんだね。たかし君は、人の役立つことを始めます。でも、たかし君は、身体の右半分は使えません。跳んだり跳ねたり走ったりもできません」

そんなたかし君が、人の役に立つことってどんなことがあるでしょう。予想してノートに書きなさい。

発表させた。

空き缶やごみを拾う／うれしいことをたくさん話す／笑顔を見せる／給食でご飯をついであげる

「たかし君は、自分にできることを考えました。そして、担任の先生に提案しました。『先生、僕、右半分は動かないんだけど、左手で人形劇をしたい。人形劇をして、みんなを楽しませてあげたい。まずそこからはじめたい』。先生は、みんなに提案してくれました。そして、人形劇の練習が始まります」

たかし君の練習風景をＶＴＲで見せる。

「たかし君は、これをきっかけに、人の役立つことをもっともっとやりたいと思いました。そして、自分にできることを探しました。こんなこともしました」

「折り紙を折って施設の人に送る」「ある学校のウサギににんじんを送る」などの映像を見せる。

4　必死に生き続けようとしたたかし君

「人の役に立つことを始めたたかし君。たくさんたくさんしたかったのですが、時間が来てしまいました」

ＶＴＲからお母さんの言葉が流れる。

最後まですごく頑張ったのは、本当に褒めてやりたいです。

二〇〇〇年十一月二十五日。病と必死に闘ってきたたかし君は、この世を去った。

たかし君は、お母さんにとってどんな役に立っていましたか。

生きる気力を教えてくれた／生きることのすばらしさを教えてくれた
「友だちのインタビューがあります」

―もし、今、たかし君に声が届くのなら、何か言ってあげたいことはありますか。
―もう一度帰ってきてって言いたいです。
―私のことを、何か支えてくれてるって感じがしました。

クラスの友達にとって、たかし君はどんな役に立ったのですか。

言葉で言えないような支えになっていた／生きることのすばらしさを教えてくれた

5　生き続けることこそが人に役立つ

たかし君の亡くなる前のインタビューです。

生き続ければ、みんな喜んでくれて、励まされて、みんなの役に立ってるんだ。人のために何かしてあげるんじゃなくて、生きてるだけで、もう、それをやってるのと一緒なんだ。
『だからたかし君はこれからどうしようと思う?』
生き続けようと思うね。

「感想を書きなさい」
天使のような神様のような子で、生きることのすばらしさを伝えてくれたと思います／たかし君のように、人の役に立つ生き方がしたい／生きているだけで役立つんだなぁと心から感じました
「生きてるだけで人の役に立つ。それは、たかし君だけでしょうか。今、教室にいるみんなも一人の例外もなく、生きてるだけでみんな誰かの役に立っているのです」

3　君は「ひとり」じゃない！　一生懸命「生きる」ことを教える授業

道徳授業　一生懸命生きる　「一粒の豆」

1　親に対する不平不満

次のように問う。

> 今の生活に満足していますか。

三つの選択肢から選ばせた。

○満足……………………六人
○少し不満…………………一六人
○かなり不満………………三人

> その不満を解決するために、自分の親にお願いしたいことを思いつくだけ書きなさい。満足している人は、今以上に良くなるためにお願いしたいことを書きます。

お願いを板書させた。次のようなお願いが出された。

A．一番上だからといって全部私のせいにしないで。
B．早く帰ってきてほしい。
C．すぐおこらないでほしい。
D．手伝いが多すぎる。へらして。
E．よるゲームしたらおこるな。
F．こづかいふやしてほしい。
G．勉強勉強いうな。
黒板がいっぱいになった。

2　資料「一粒の豆」

板書をながめながら、次のように話した。

> こんなにたくさんのお願いがあります。黒板に書いてないものも入れると、この何倍もあるはずです。みんな、つらい生活をおくっているのですね。みんなのお父さんお母さんはひどい親なんですね。

子どもたちがうなずく。「だって、うるさいもん」という声もあがる。

「ある親子の話を探してきました。本当にあったお話です」

「一粒の豆」と板書する。（資料を配り読み聞かせる。（約三分））

資料【一粒の豆①】

私は一粒の豆を自分の生きがいにしている母親を知っている。その母親には二人の息子さんがいる。

この一家に悲劇が訪れたのは上の子が小学三年、次男が小学一年のときである。父親が交通事故で亡くなったのだ。誰に責任があるのかはっきりしない事故だったが、最後には、亡くなられた上に加害者にされてしまった。母親は、事故の責任をとるため家も土地も売り払わねばならず、残された母親と子ども二人は文字どおり路頭に迷うことになった。

各地を転々とした後、やっとある家の好意にすがって、その家の納屋の一部分を借りた。三畳ぐらいの広さの場所にムシロを敷き、裸電球を引き込み、七輪を一個、それに食卓と子どもの勉強机をかねたミカン箱一つ、粗末なフトンとわずかな衣服……これが全財産であった。まさに極貧の生活である。

お母さんは生活を支えるために、朝六時に家を出て、まず近くのビル掃除をし、昼は学校給食の手伝い、夜は料理屋でさら洗い、一日の仕事を終えて帰ってくると、もう十一時、十二時。だから一家の主婦としての役割は、上のお兄ちゃんの肩に全てかかってきた。

そんな生活が半年、八か月、十か月と続いていくうち母親はさすがに疲れ果ててしまった。ロクに寝る間もない。生活は相変わらず苦しい。子どもたちもかわいそうだ……申し訳ないけれどもう死ぬしかない。二人の子どもといっしょに死んで、お父さんのいる天国へ行こうとそればかり考えるようになった。

ある日、お母さんは鍋の中に豆を一ぱいひたして、朝出がけにお兄ちゃんに置き手紙をした。

「お兄ちゃん。お鍋に豆がひたしてあります。これをにて、こんばんのおかずにしなさい。豆がやわらかくなったらおしょうゆを少し入れなさい」

その日も一日働いて本当にくたびれ切ってしまった母親は、今日こそ死んでしまおうと、こっそり睡眠薬を買って帰ってきた。二人の息子はムシロの上に敷いた粗末なフトンで枕を並べて眠っていた。

お兄ちゃんの枕元に一通の手紙が置いてあるのに気が付いた。お母さんはなにげなしに手紙を取り上げた。そこにこう書いてあった。

（※お兄ちゃんから母への手紙）

いっしょうけんめい作ったけど、しょっぱすぎて、食べられなくなりました。

お母さん、ほんとうにごめんなさい。

あしたの朝、ボクにもういちど、豆のにかたをおしえてください。出かける前にかならずボクをおこしてください。

お母さんが、ぼくたちのためにいっしょうけんめいなのは、わかります。どうかからだをだいじにしてください。

先にねます。おやすみなさい。

お母さんの目からどっと涙があふれた。

「ああ、申し訳ない。お兄ちゃんはこんなに小さいのに、こんなに一生懸命に生きていてくれたんだ」

　そしてお母さんは、真夜中に、子どもたちの枕元に座って、お兄ちゃんの煮てくれたしょっぱい豆を涙とともに一粒一粒おしくいただいて食べた。

たまたま袋の中に煮てない豆が一粒残っていた。お母さんはそれを取り出して、お兄ちゃんが書いてくれた手紙に包んで、それから四六時中、肌身離さずお守りとして持つようになった。


子どもたちは資料を凝視していた。シーンとしていた。読後、感想を書かせた。

指名なしで、感想を発表させた。発表は、途切れることなく続いた。

3　資料を読んだ感想

○私はこのお話を読んでかわいそうだと思いました。それにくらべて私たちは、親にお願いをしていたことをはずかしく思いました。
○ぼくは「こづかいが少ない」「部屋がほしい」などいっていますが、この話を聞いてあきらめました。どんな状況でも心という温かいものがあるからです。
○私は、こんなにかわいそうな親子がいたことを知りませんでした。ものすごいたいへんな日々をおくっていたのに……。なのに、私はただこんなことで親にお願いをしていました。はずかしいです。
○二人の兄弟の男の子は、とってもかわいそうです。まだ、小さいのにいろいろ家のことをして、これを聞くと私も手伝いをいっしょうけんめいがんばろうと強く思いました。私たちは家もあるし、そんなに苦しくないのに、少しのことで親にたのみごとをしているので今とってもはずかしいです。
○私は、今の生活に少し不満です。でも、この話を聞いてもっと生活に苦しんでいる親子がいるのだとわかりました。私もお金をむだにしないようにします。
○この話を読んで、三年生と一年生（私よりちょっとした）なのにこんなに一生けんめいくらしていたときいた時、とても心がいたみました。私は、この人たちにくらべるとこんなに幸福なのに、私はこんなにめぐまれているのに、親へお願いなんかしてとてもはずかしいです。これからはお母さんの手伝いをもっともっとがんばります。
○子どもたちで何もかもやってろくに食事もしてないおさない少年なのに、一生けんめい生きている。ぼくなんか親にいろいろお願いをしてはずかしいと思いました。
○お兄ちゃんや弟はまだ小さいのに豆を一生けんめいにたので、すごいなあと思いました。私はもう満足です。お母さんが病気にならないように手伝いなどをしていきたいと思います。
○ぼくはこんな人たちがいたなんて知らなかったです。いつもぼくは、お母さんに生意気言ったり、甘えたりしているので、この文を読んでそんなことをもう言わないと思った。
○ぼくは、この話を読んでこんな親子がいたと分かりました。ぼくは、親へのお願いをするとははずかしいと思いました。
発表がとぎれたところで、次のように話した。

「この親子は、この後どうなったと思いますか」

「死んでしまったのかな」などの声が聞こえた。

4　親の一生懸命生きる姿

「この後の話もあるので読みます」

資料【一粒の豆②】

兄から母への一通の手紙が、一家を救った。しかもそれだけではない。懸命に働く母の尊い姿を見つつ育った二人の兄弟は、よく母親の手伝いをし、勉強をした。それから数年。兄弟は、立派な青年に成長し、一流の国立大学を卒業し、就職した。

生育環境は劣悪そのものだった。生活するのに精一杯。兄弟を支えたのは、たった一つ。母親が毎日を一生懸命に生きたことだったのである。人間にとってもっとも大切なのは、毎日を一生懸命生きることである。

『気くばりのすすめ』鈴木健二著（講談社文庫）より要約

もう一度みんなの書いた親へのお願いを見てごらん。言いたいことはありませんか。

次の意見が出た。

【早く帰ってきてほしい】

私たちのために一生けんめい働いているんだからがまんするべき。

【すぐおこらないでほしい】

私たちのためにおこってくれているんだ。

【手伝いが多すぎる】

手伝いはするべき。

【よるゲームしたらおこるな】

ぼくたちのために言ってくれている。

【こづかいふやせ】

自分がかせいだんでもないのだからがまんすべき。もらえるぶんだけでなんとかしなきゃ。

【勉強勉強言うな】

ぼくたちのために言ってくれている。

続いて言う。

「このお話のお母さんは、二人の子どものために一生懸命生きました。子どもたちのことを大切に大切に思っていたのです。すごいね。みんなのお父さんお母さんは、このお母さんほどじゃないかな？」

そんなことはありません。

「みんなが生まれたばかりの赤ちゃんだったころ、どんなふうにしてもらっていたか覚えていますか。」

5　無償の愛

次の資料を読み聞かせた。

資料【心を育てるもの、みんな只】

《心を育てるもの、みんな只》

母乳は、お母さんの食べた食物のエキスである。それを一日に六回も与えることは、母体維持から考えると、実に大きな問題が含まれている。

歯が悪くなったり、肌にも影響が出てきたりする。なのに、「少しにしておくのよ」なんて言う人はいない。「これだけの母乳だと、一日いくらになる」と計算する人もいない。

元気よく飲めば、安心し満足する。只で与えその上微笑みかけ、語りかけ、においとあたたかさでふんわりと包みこんでやる。

母乳ばかりではない。おむつの交換でも、他人であったら感じる汚さにおいも気にならない。すべてのことが只、無償なのである。

《『幼児の道徳教育』水野茂一著より》

資料【向山洋一学級通信】

「赤ちゃんは、風邪をひいて、ハナミズを出しても、自分でどうすることもできないだろう。そういう時は、親がすすってやるんだ」

「夜中に起きて、乳をやり、おしめをかえる。そうしたことを、君たちは一人の例外もなくされながら大きくなってきたんだ」

「きたないじゃないか」

と誰かがいった。

「そうだ。何のためらいもなくそうしたことができるのは親子の間だけだ」

と私は言った。

シーンとした教室に、食い入るような目が光っていた。

「自分一人で大きくなったと思いあがるんじゃない。どんなにいやだと見える親でも、そうしたことをして育ててくれたんだ。そして、それのお返しを親は何も期待していない。君たちには君たちの人生があるから、やがて自立していく時が来る。でも、その時はそうした親の愛に感謝せねば人間ではない。初めての月給袋をそっくり親に渡せというのはそのためだ。お金をあげるということじゃないんだよ。やっと一人前になって、自分でかせげるようになった、食っていけるようになったという記念なんだ」

そんな話をした。

《学級通信『えとせとら』向山洋一著より》

子どもたちは、シーンと聞いていた。

読み終えてから、次のように告げる。

母の日は、もう過ぎてしまいましたが、お母さんに手紙を書きましょう。その手紙と一緒に、この前描いたお母さんの絵をおくります。

「無償の愛」は、学年を問わず教えていかなければならない。

楽に子育てしている親はいない。

お母さんへ

お母さん、いつも私たちのために毎日のように働いてくれてありがとう。私はお母さんにガミガミ言われたりしてうるさいなあとしか思っていなかったけどそれって私たちのために言ってくれてるんだよね。それをありがたく思わないといけないんだよね。それとは知らずにうるさいなんて思ってゴメンナサイ。反省してます。これからもめいわくかけると思うけどその時はよろしくネ。これからもがんばってネ。

お母さん、体に気をつけて!

私は、お母さんが、かりに洗い物や料理などをおしつけていたみたいでごめんなさい。洗い物をした後、手がかさかさになるまでがんばって、いってくださってありがとう。でも道徳の勉強をした時から私はかわります。手伝いをしてと言われなくたって私から手伝いをしに行こうと思います。約束を守らないときは、必ずおこ、って下さいね。

今日の勉強をして、私はお母さんの気持ちなどがよく分かりました。

これからもわがままで自分かってな私をよろしくお願いします。

体に気をつけてね♡

お母さんへ

今まで育ててくれてどうもありがとう。手伝いをたのまれてもなかなかハイといえずいつまでもすわりこんでいてごめんなさい。女一人で三人の子供を育てるのは大変だったでしょう。おそくまで働いてつかれているのになかなか返事ができなくておこらせてしまいて今度からはすぐ返事をしようと思います!

・もう自分一人でご飯を食べれるようになりました。今度からは少しずつ親こうをしていき今までのお返しをしたいと思います。

本当に今まで育ててくれてありがとうございます。元気に育ったと思います。

ありがとう。

お母さんへ

いつも、洗たく、そうじ、料理などしてくれてありがとうございます。道徳の時間に貧しい家族の勉強をしました。その勉強でお母たちがどんなに大切か、分かりました。

これから、しっかり、お手伝いをしたいと思います。それと、体を大事にしてね。

ここ数十年で、「まじめに生きることはカッコワルイ」という空気が日本全国に蔓延してしまった。多くの若者から「力を抜いて適当に生きる」ことが支持されている。

風評ではない。フリーター・ニートの急増が、見事にそれを裏付ける。

かつて「まじめに生きること」「一生懸命働くこと」は、日本人の美徳とされていた。

前向きに生きる子どもたちを育てなければならない。世界に誇る日本の美徳を再生しなければならない。仕事に打ち込むことは素晴らしいことだと子どもに教えなければならない。

多くの授業を通して、一生懸命生きることの素晴らしさを伝えていくことは、私たち教師の大事な使命である。

道徳授業　無償の愛——三人のお母さん

ピアニストなら、誰もが出場を憧れる世界最高レベルのピアノコンクールがある。

ヴァン・クライバーン国際ピアノコンクール。

その大舞台で、日本人・辻井《つじい》伸行《のぶゆき》氏が優勝した。

今から十年前、私は、辻井氏を題材にした道徳授業を作った。

当時は、「辻井君」と呼んでいた。（世界的なピアニストに成長した今、「辻井君」なんて軽々しく呼べなくなった。）

母親の「無償の愛」をテーマにしたその授業は、多くの人から支持され、今でも全国の多くの学級で実践されている。

辻井氏が輝かしく成長したことを機に、授業をリニューアルして再提案する。

【資料】三人のお母さん

三人のお母さんを紹介します。一人目のお母さんです。

母と二人で自転車に乗る練習をしました。私は、てっきり母が荷台をもってくれるものだと思っていました。ところが、母は公園のベンチに座って大声でしかるだけです。私は、自転車ごとたおれてしまい、ひじやひざから血がふき出しました。でも、母は知らん顔です。ベンチのほうから「はやくおきなさい」とどなるだけです。やっと起き上がってもひざが痛くて自転車を起こすことができません。それなのに、母はベンチに座ったまま、なんだかんだとどなるだけです。何度も何度も転んで、ひざからひじからすりむいて血だらけです。それでも母は助けに来てくれません。

どんなお母さんですか。

・厳しいお母さん。

・ひどいお母さん。

二人目のお母さんです。

息子は、七歳の春、ウィーン留学から帰国した先生にピアノを習うことができるようになりました。先生は、国際コンクールで四位になるほどの実力者です。息子は、超一流の先生のレッスンを受けることができるのです。ピアノの道を進むことが、私たち親子の生きていく証だと思えるのです。

どんなお母さんですか。
・教育熱心なお母さん。
・自分の見栄のためにピアノを習わせているお母さん。
三人目のお母さんです。

小さいころから、よくデパートやスーパーに遊びに連れて行きました。洋服や靴下などは、子どもでも好みがあります。だから、自分がほしいものを自分自身で選ばせていました。また、子どもはいろいろなものをほしがります。私は、「ほしい」というものは、できるだけ買い与えていました。デパートに絵の具セットが並んでいたときも、せがまれて買ってやったことがあります。

どんなお母さんですか。
・子どもに甘いお母さん。
・甘やかしすぎのお母さん。
いろんなタイプのお母さんがいますね。
さて、今、紹介したお母さんの子どもはどんな人でしょう。
最初のお母さんの子どもです。

井上美由紀さん。
美由紀さんは、体重わずか五〇〇グラムで生まれてきました。超未熟児でした。頭の大きさは卵ぐらい。身長は、ボールペンと同じ。太ももは大人の小指くらい。五本の指はつまようじ。初めてわが子を見たとき、お母さんは心の中で叫びました。「こんなに小さく生んで、ごめんなさい」。お医者さんが来て、さらに言いました。「お母さん、美由紀ちゃんの目は、ものを形として見ることはできないでしょう」。お母さんは、体の震えと涙が止まらず、一晩中泣き続けました。そして、夜明けに思い直しました。「美由紀は、心臓だって肺だって完全でないままに生まれて、それでも必死に生きようとしている。親の私がこれでどうする。明日、病院に行ってももう泣かない。」そして、お母さんは決めました。「この子をすぐに手助けするのは止めよう。いつも母親を頼りにするくせがつき、行動するのを怖がるようになってしまう。多少のことは平気な子に育てよう」と。最初に転んだとき、「あっ、助けてやりたい。よしよしってあやしてやりたい」と思ったけど、ぐっと歯を食いしばってがまんしました。

二人目のお母さんの子どもです。

辻井伸行くん。
伸行君は、ピアニストです。伸行君のピアノは、モスクワ音楽院の教授が絶賛するほどの腕前です。伸行君は、目の不自由な人の中ではまちがいなく世界一です。そう、伸行くんは生まれたときから目が見えません。お母さんは、言います。
「伸行の目に障がいがあると分かったとき、大きなショックを受けました。夢ならさめてほしい。人知れず、涙を拭う日々がしばらく続きました。でも、伸行のかわいい笑顔を毎日見るうちに変わりました。かわいい赤ちゃん。前向きで行くしかない。私ががんばらねば。〝障がい児だから障がい児らしく〟ではなく、〝伸行だから伸行らしく〟成長してほしい。私の役割は、その『らしさ』を見つけてあげることだ。伸行は、一歳半の時、ピアノにものすごく興味を持ちました。一日中ピアノから離れず、鍵盤をたたき続けていました。伸行の『らしさ』はこれだ！　と気付きました。伸行を音楽家に育てるつもりなどないけど、音楽に関わって彼の心が豊かになるのならそれだけで十分だ。伸行をピアノの道に進ませることにしました」

三人目のお母さんの子どもです。

浅井力也君。
力也君は、画家です。ハワイ美術院展入選、日本総領事賞など数々の大きな賞を受賞しています。教科書の表紙にもなりました。作品展に訪れた人の言葉です。「入場した瞬間に『生きている』ことを感じて涙があふれました」「私は、美術学校出身ですが、人の作品を見て涙したのは三十九年間生きてきて初めてです。すばらしい感動をありがとう」（たくさんの人々に感動を伝える力也君とは、どんな人でしょう。）

お母さんは、力也君を生んで退院のときに、お医者さんからお話がありました。「お母さん、残念ですが、力也君は脳に障がいがあります。ですから、普通のお子さんのように成長するとは考えないでください」。えっ？　耳を疑いました。「でも先生、脳にはたくさんの神経細胞があるわけでしょう。だから、少しくらいダメな部分があっても、それを助けてくれる働きがあるのではないですか」。お医者さんは言いました。「一番大切な部分が死んでいるのです。生きていくことさえ大変になるでしょう」。目の前が真っ暗になりました。でも、すぐに決めました。「私が力也の死んでしまった脳の代わりになろう」と。以来、力也君からかたときも離れず毎日ソファーに枕と毛布一枚ですごしました。服はそのままで横になりました。大きな病気を何度もしました。これでこの子は死んでしまうのかもしれないと何度も思いました。

お母さんは言います。

「力也は、十分に食べ物をかめません。だから、私の口で噛み砕いて食べさせていました。唾液が混ざると消化がよくなるのです。でも、人の口は、ばい菌がたくさんいます。どんなに歯を磨いても完全ではありません。私の口のばい菌が力也にうつったら大変です。私は、歯を全部抜くことにしました。普通は時間をかけて一本ずつ抜くらしいのですが、私は一度に全部抜いてもらいました。時間をかけて抜いている間に、力也に何かあったら大変です。反対するお医者さんを説得して抜いてもらいました。その日は、出血が多くて貧血状態になりました。顔は風船のようにパンパンにはれました。一晩たって起きてみると、枕のカバーが血でベットリと濡れていました。顔のはれが引くのに、何週間もかかりました。でも、後悔なんてありません。力也のために少しでも役立つことでしたら、母親としてできることはどんなことだってできます」

三人のお母さんの話を聞いた感想を書きなさい。

シーンとした時間が流れた。

ハンカチで目頭をおさえている子もいる。

・初めは、どれもひどいお母さんと思っていたけど、実は、どれも自分の子どものことを心から思っているんだということが分かった。

・三人のお母さんの生き方に感動した。どのお母さんもタイプは違うけど、自分の子どものために一生懸命なんだということがわかった。

・三人のお母さんはすごい。自分の子どものために歯を全部抜くなんて、自分にはできるだろうか。

・自分のお母さんは、ここまでぼくのことを考えて育ててくれたのかなあって思った。

・自分のお母さんは、三人のお母さんとはどれもタイプが違うけど、きっと自分のために一生懸命育ててくれたんだろうと思いたい。

三人の母親を通して様々な感想が出てきた。予想通り、自分の母親と重ね合わせて考えている子もいた。この三人のお母さんと、みなさんのお母さんと、どちらが一生懸命子どもを育てていると思いますか。三人のお母さんは特別なのでしょうか。

みんな、こちらを向きなさい。
自分のお母さんを思い浮かべてごらんなさい。
お母さんは、赤ちゃんにおっぱいをあげます。
おっぱいは、お母さんが食べたものの栄養でできています。

それを一日に6回もあげます。

自分のための栄養も赤ちゃんにあげているのです。

だからお母さんは、歯が悪くなったり、肌が荒れたり、病気にかかってしまうことさえあります。

それなのに、赤ちゃんに「少しにしておくのよ」なんていうお母さんはいません。

「これだけの母乳だと一日いくらになる」なんて計算する人もいません。

元気よく飲めば、それだけで安心します。

毎日毎日お風呂に入れ、汗水たらして丁寧に丁寧に体を洗います。

夜中に起きてオムツを替えます。

他人だったら感じる「汚い」「くさい」なんてことも全く気になりません。

風邪をひいて鼻水がつまると、赤ちゃんは自分でどうすることもできません。

そんなとき、お母さんが口で吸い取ってやるんです。

病気になれば、心配で心配で一晩中寝ないで看病します。

赤ちゃんを抱いて夜中にお医者さんを探し回ることだってあります。

もう忘れてしまっているのですが、ここにいるみんな、一人の例外もなく何百回も何百回もそうしたことをして育ててもらいました。

先生もそうやって育ててもらいました。

でも、そのお返しをお母さんは何も期待しません。

美由紀さんのお母さんからの手紙です。

幼いころからきびしく育てられ、お母さんを鬼のように思ったこともあったでしょう。それを知りながら、それでもきびしく育てたのは、あなたが大人になってから強くたくましく生きてほしいからでした。
自転車の練習のときも、助けてあげたいと、何度ベンチから立ち上がったかしれません。あなたの姿が涙で見えませんでした。美由紀が大人になって、「お母さん、私、生まれてきてよかった」といえるようにお母さんがんばるからね。
あなたは将来、福祉の仕事をしたいといいます。
夢に向かっていって。お母さんはあなたの自転車をそっと押し続けますよ。
美由紀、生まれてくれてありがとう。

伸行君のお母さんです。

伸行がいてくれたからこそ充実した人生になった。私は、これからも伸行のよき伴奏者になりたい。

力也君のお母さんです。

力也は今、私よりも大きくなりました。

はく靴も大きくなって、生後数か月のときの靴をとってありますが、本当に信じられません。何回も生きるの死ぬのとやりながら、こんな靴を履くまでに成長したのかと思います。

彼は、まもなく十五歳になります。

彼と十五年をともに生きてきて、一日も無駄に過ごしたとは思いません。

自分に与えられた人生、そして、力也というわが子を神様が与えてくださったことに、喜びと誇りを感じています。


さて、今、流れているピアノ、誰の演奏だと思いますか。

辻井伸行君です。

伸行君は、この春、第十三回ヴァン・クライバーン国際ピアノコンクールで優勝しました。

世界中のピアニストが出場することに憧れるコンクールです。

そこで、伸行君は金メダルを獲得したのです。

受賞した瞬間、伸行君の目から涙があふれました。

もちろん、お母さんと喜びました。

世界的なピアニストに成長した伸行君は、大好きなお母さんに曲を贈りました。

辻井君のピアノを聞いた感想を書きなさい。

教師対象のセミナーでこの授業をすると、次のような感想が出てくる。
・お母さんは、「ピアニストにするつもりはないけど」と言ったけど、伸行君はピアニストになった。それは、自分の夢でもあったのだろうが、大好きなお母さんのためというのが大きな理由のような気がした。

・この曲を聴いているだけで涙が出てきます。お母さんへの感謝の気持ちが伝わってきます。

・お母さんがいたから、今の伸行君がいるんだということがピアノから伝わってきました。

・言葉になりません……。

■ 授業の感想を書きなさい。

・自分のお母さんも、三人のお母さんに負けないくらい自分を育ててくれたのだということがよく分かった。

・今日帰ったら、お母さんに「ありがとう」と言いたい。

・お母さんの子どもに生まれてきて本当によかったと思えた。

通常は、これで授業を終える。

しかし、卒業授業としてするときは、最後の感想の前にしかけをする。

保護者からの手紙を渡す。

授業の一週間前くらいに、文書でお願いしておく。

次のように。

> 卒業に際し、子どもたちへお祝いの手紙をぜひお願いいたします。

子どもたちが生まれてから小学校卒業を迎えるまで、様々なドラマがあったことと思います。その一部を、子どもたちにぜひ伝えていただければと思います。

「無償の愛」をテーマにした授業の後で、子どもたちが読みます。

封筒に入れ、封をして、私に預けていただけますようお願いいたします。


保護者からは、ぞくぞくと手紙が届けられた。

大切な手紙は、授業当日まで、保管しておく。

もちろん、封はしたまま。

保護者からのメッセージは、子どもたちが一番に見るのである。

そして、授業の終末。

「みんなのお家の人からも手紙があります」

一人ずつ手渡していく。

全員に配り終えて、一斉に開封する。

子どもたちは、じっと手紙を読む。

やがて、方々から鼻をすする音が広がる。

多くの子が涙でぐしょぐしょになる。

男子でさえ、とめどなく流れる涙を必死でぬぐっている。

そして、最後に言う。

感想を書きなさい。

震える声を必死に絞り出す子、声にならない子、教室中がすすり泣く。

発表をまともに言える子は、いない。

それでいい。

「親へお礼を言いなさい」なんていう必要はない。みんな、分かっている。黙って授業を終えればいい。


今から十年以上前に、この演出をした。

保護者からの手紙をいくつか紹介する。

貴俊君へ

・まず、最初に何よりも生まれて、今日まで無事に小学校卒業までこれて本当に良かったです。心からおめでとうといいたいです。

・君は、赤ちゃんの時から、アレルギー体質で食物を制限されて困りました。

・風邪もよくひきました。高熱で、夜中に何度も病院に行きました。救急車で行ったこともありました。今、こうして振り返ってみると、長いようであり、あっという間に過ぎた気もします。これから、中学校に行っても、まず健康でいてください。

お母さんより

わが愛する雄樹くんへ

・雄樹、卒業おめでとう。十二年前、雄樹が生まれ、はじめて顔を見た時、お母さんはうれしくてたまらなかったよ。大事な宝物だって思ったよ。

・小さいときから、いつもじっとせず、ゴソゴソ動き回って元気いっぱいだったね。そのわりには、とっても甘えん坊でちょっとでも姿が見えないと「かーたん」と言ってはビービー泣いて探し回っていたね。

・そんな雄樹がもう小学校を卒業するんだね。六年間どうだった？　お母さんはね、とっても楽しませてもらったよ。雄樹がいろんなこと一生懸命頑張って少しずつ成長していく姿を見るたびに目を細めていたよ。

・卒業にあたり、心にとめて一生大切にしてほしいものが二つあります。一つは自分自身の命。そして、もう一つは、友達です。いい友達に恵まれてよかったね。友達の輪を広げ、友情を深めていってね。

母より

4 人を不幸にしない！「ルール」を教えよう

1 ルールの大切さを教える

(1) ルールとは何か？

「指導要領解説」に掲げられている重点課題の一つに、「法やルールの意義を理解しそれらを遵守する」がある。

「ルール」とは、何か。

ルールを守らなければ、どうなるのか。

「ルールを守れ」というが、私たちは、ルールというものについて、これまで教えてきたのか。

ルールそのものを取り上げ、意義や重要性について教える道徳授業を私は知らない。

「なぜルールを守らないといけないのか」「ルールを守らなければどうなるのか」教える授業が必要である。

「ルール」とは、何か。

辞書で調べる。

【ルール】きまり。規則。

「きまり」を辞書で調べる。

【きまり】（1）物事のおさまり。結末。決着。（2）きめられた事柄。定め。規定。

【規則】（1）行為や手続きなどを行う際の標準となるように定められた事柄。きまり。（2）法則。秩序。（3）国会以外の諸機関によって制定される法の一種。法律・命令などとならぶ実定法の形式の一つ。衆議院規則・参議院規則・最高裁判所規則・会計検査院規則・人事院規則などのほか、地方公共団体の長の定める規則などがある。規則は法律に違反することができない。

なんとなく分かるが、なんだかよく分からない。

これでは、子どもに教えられない。

子どもが理解できるように簡潔に教えられる定義が必要である。

異論はあるだろうが、子どもに簡潔に教えるために、「ルール」について定義する。

極めて簡潔に。

子どもがイメージできるように。

次のようにルールを定義した。

参加する人が守らなければならないきまり。守らない場合は、罰せられる。

いくつかあてはめてみよう。

例えば、「サッカー」。サッカーに参加する人が守らなければならないきまり。守らない場合は、罰せられる。

サッカーには、「ボールを直接手で触らない」というルールがある。これを破るとどうなるか。

相手チームのフリーキックというペナルティ（罰則）となる。

その他様々あてはめて考えるとよい。

「バスケットボールのルール」「野球のルール」「相撲のルール」「将棋のルール」「守るべきもの」「守らなければ罰せられる」という二点において、先の定義は全てあてはまることがわかる。

あてはめたものは、全て競技である。

競技、とりわけスポーツのルールは、極めて厳密で厳格である。

なぜ厳密で厳格なのか。松岡正剛氏は、『知の編集術』(講談社現代新書)で次のように解説する。

「スポーツにルールが発生し、めきめきと進化していったのは、古代の遊び型のスポーツには『賭け』があったからだった。初期の競技の大半は貴族や民衆の賭けのために行われていた」「競技者の誰に賭けるかという熱狂があまりに高じてくると、だんだんプレーのやりかたも厳密になってくる。それは争いにもなる。それでルールが発達し、審判(レフェリング)という制度もくっついてきた」

ルールというものの概念は、おそらくスポーツが起源だろう。

スポーツのルールの起源は、まさに勝負の世界だったのだ。勝てば儲かり、負ければ大損。それは、賭け者の生死にもつながる。もちろん、競技者の生死にも関わる。

だから、スポーツのルールは、「絶対破ってはならないもの」という拘束性がともなっているのだ。

また、破れば、ペナルティという忌避できない罰則があるのだ。

国についてあてはめてみよう。「国のルール」とは、法律である。

例えば、刑法。

「第二〇四条　人の身体を傷害した者は、十五年以下の懲役又は五十万円以下の罰金に処する。」

極めて具体的な行為と罰則が示されている。

法律が厳密で厳格な理由はあえて言うこともないだろう。

一番の理由は、秩序が保たれない、すなわち国を維持することができなくなるためである。

法律がなければ、国は、崩壊する。

国民が、一人一人自分の価値判断によって行動したらどうなるだろう。

「ほしい物は、勝手にとってよい」「気に入らない人は殴る」などなどが許されるとどうなるだろう。

実際、このような状況は過去、何度も起こった。

戦場となった町、クーデターが起こった町、やりたい放題が見逃される世の中。

政府の機能が低下、あるいは停止した状態である。

このような状態をアナーキーという。

周りを常に警戒し、自分の身は自分で守る世の中は、想像しただけでぞっとする。

政府は、その国の大多数の人々の幸せを保証するために、法律をつくった。

法律は、その国で生活するための、いわば行動基準だ。

国民は、法律に沿って自分の行動を決める。

または、自分（あるいは他人）の行動の正誤は法律によって判断する。

法律から逸脱した行為は、罰せられる。

法律は、国のルールである。

スポーツのルール同様、審判がいる。

裁判所である。

裁判所が、罰則の内容と量を決定する。

(2) 子どもたちに教えたいこと

ルールの大切さについて、子どもたちに次のことを教えたい。

① ルールは、守らなければならない。
② ルールを破るとペナルティがある。

特に、「ルールを破るとペナルティがある」という部分が大切である。

中学生が校則を破り、暴走する一番の原因はそこにある。

中学生は、校則を破っても、罰せられない(叱責や指導はあるだろうが、本人にとってはほとんどマイナスではない)。

中学生は、それを知っている。

ある私立中学校の校長が新年度のあいさつで次のようなことを話したそうだ。

「校則を守れない人は、どうぞ他の学校へ行ってください」

ルールを犯せば、学校にいられなくなる。

重い罰である。

公立の中学校は、これができない。

だから、暴走してしまう。

「ルールは、守るべきもの」という部分だけ教えていたのでは、不十分である。

「守るか破るか」が最終的には個人の判断に任せてしまうことになるからである。

ルールを守るか破るかは、本人のモラルの問題なのである。

ルールとモラルを混同して教えてしまうから、何を教えたのかわからない授業になってしまうのである。

「ルールを破るとペナルティがある」

これを小学校のうちから、きちんと教えるべきである。

では、どのように教えるのか。

まず教えておかなければならないのは、

「ルールの意義」である。

①　ルールは、集団の参加者全員のためにある。
②　ルールは、参加者の知恵と経験と労力をかけてつくられている。
③　集団に参加している人は、ルールを守らなければならない。
④　ルールを守らなければ、ペナルティを課せられる。

これらを、ゲーム、スポーツ、社会、学校などの面から教えていく。

次の授業を構想している。

ルールとは何か。

〈ゲームのルールを紹介する〉

「いかなるゲームにもルールがあります。次は、何というゲームのルールでしょう」

(例) オセロ/①黒が先手　②打てる箇所がない場合パスになる。③打てる箇所がある場合は必ず打たなければならない。④双方が打てなくなったらゲーム終了
「何というゲームでしょう?」「オセロ」

「ルールを破った人はどうなりますか?」「負ける」「そう、ルールを破った人は、負けるのです」

オセロのほかに、あと2、3ゲームのルールを紹介する。

〈スポーツのルールを紹介する〉

「スポーツにもルールがあります。次は、何というスポーツのルールでしょう」

(例) サッカー/①相手に飛びかかってはいけない　②相手をつまずかせてはいけない　③ボールを奪うために相手に突っ込んではいけない　④相手に唾を吐きかけてはいけない　⑤相手を蹴ってはいけない　⑥ボールを手で触ってはいけない
「何というゲームでしょう?」「サッカー」「そうですね。ルールを破った人はどうなりますか?」「ペナルティがあります」「そう、ルールを破ったチームは、フリーキックとなりますね」

このあと、「日本の村八分」「バビロニアのハンムラビ法典」などルールの歴史を紹介し、そして、日本の法律につなげていく。

2 学校のルールを守る心を育てる

(1) 教師の権威の確立

子どもにルールを教える時、学級がそのベースとなる。

学級でルールを教えるならば、絶対に外せない原則がある。

教師が学級の権威となる

ことである。

権威がいない集団のルールはゆるい。

各自がバラバラに行動している。

無政府状態(アナーキー)である。

これでは、ルールは教えられない。

では、教師が権威を持つにはどうすればよいか。

「分かる」「できる」「楽しい」授業ができる力を身につけることが最優先である。

授業が楽しく、勉強ができるようになれば、子どもは、教師に信頼を寄せる。

その積み重ねで権威は確立される。

「ルールを守る」ということを教えるのは、それからである。

私は、数年前、次のようなエピソードで権威を執行した。

(2) 権威を執行しルールをつくる

当時の学級通信の内容である。

【喝！】

火曜日の五校時のことです。

体育館で体育でした。

五校時は、14：10に始まります。

わが学級は、掃除の段取りがいいので14：00には全作業を終了して、ほとんどの子が教室に帰ってきています。

私は、掃除終了後、ジャージに着替えて体育館で待っていました。

体育館についたのは、14：00ころでした。

14：05　まだ、誰も来ません。

「何やってんだろう？」

14：08　まだ来ません…と思ってたら、数人が来ました。

14：09　誰も悪びれず、ガチャガチャやっていました。

私の「むすっ」とした空気を読める子はいませんでした。

やがてチャイムが鳴りました。

まだ、半数しか体育館に来ていません。

来ている子も、ガチャガチャしています。

準備運動らしきものを始めた子もいました。

やがて、残り半数がガヤガヤ楽しそうに雑談しながら入ってきました。

みんながほぼそろったところで、私は、ぬっと立ち上がりました。

まだ、子どもたちの喧騒はやみません。

みんな笑顔です。

まだ、私を見てない子もいます。

そこで、私は、初めて口を開きました。

「今日の体育はやりません！」シーン
全ての音が消えました。

子どもたちは、目を丸くして私を見ています。

私は、子どもたちの中を縫って出口に向かいました。

出口で振り返りざま、言いました。

「時間を守れない学級では授業をしません」

そして、次のように付け加えました。

「自分たちがこれからどうしたらいいのか、言うことが整理できたら先生のところに来なさい」

体育館の引き戸をぴしゃりと閉めて出て行きました。

それから、数分間の体育館がどうなったかは、私は知りません。

私は、教室で、座って待っていました。

この時期ですから、やることはたくさんあります。

子どもたちの提出ノートを見ていたら、ワークスペースがなにやら騒がしくなってきました。

「おれが言うから…。みんなで入ってならぼうっちゃ」

段取りが終わったのか、一列に子どもたちが入ってきました。

教室前方に神妙な顔つきで並んでいます。

ある子が、口を開きました。

「遅れてごめんなさい。今度からちゃんと時間を守るので授業をしてください」

ピシャリと返しました。

「そんなその場限りのいいのがれ信用できない」

「五時間目が2時10分に始まると知らなかった人？」（誰も手を挙げません）

「知っていた人？」（全員が手を挙げました。）

「よっぽどの理由があったんだろう。なぜ遅れたか理由を言ってみな」

指名なしで次々と言わせました。

「友達とおしゃべりをしていて遅くなりました」「着替えるのが遅かったです」

「友達と追いかけっこをしていました」「友達が着替えるのを待っていました」

まあ予想通りの理由でした。言い訳しないところは立派です。

最後に言いました。

「自分が遅れた原因を考えて、これからどうしたらいいのか、言った人から席に着きなさい」

それぞれが、自分の非をわび、改善点を述べて席に着きました。全員が言ったので、この話はこれで終わりました。

叱った後は、いつまでも引きずらないようにしています。

さて、翌日も体育がありました。体育館で。

私より遅れた子は、一人もいませんでした。

みんな笑顔でなわとびに汗を流しました。

(3) ルールを自分たちでつくる

教師の権威が確立された学級では、子どもたち自身がルールをつくる。

数年前に担任した六年生。修学旅行の班別活動に関するエピソードである。

これまた学級通信から紹介する。


【修学旅行への道～それぞれの妥協点】


修学旅行のグループ分けは、子どもたちにとって大きなテーマです。

誰もが「好きな人と一緒のグループになりたい」、そう思っています。

プライベートならば、簡単な話です。

しかし、学級という社会ではそうはいきません。

人数にも目的にも制約があるからです。

誰もが自分の幸せを追求すれば、どこかに歪みが生じます。

歪みに巻き込まれた誰かは、幸せな気分を味わえません。

全員がそれなりの水準の楽しさを手に入れるためには、誰もが、どこかで我慢しなければなりません。

「我慢をする」というのも大切な学習です。

「我慢をさせる」という学習もあります。

私が、全てのグループ分けをし、それに従わせるという選択肢です。

この子たちなら、それを妥協点として受け入れたでしょう。

しかし、今回は、採用しませんでした。

「どこで我慢するかを子ども自身が決める」という選択肢を採用しました。

グループ分けは、班別研修・宿泊・スペースワールドの三つです。

班別研修のグループ分けのとき、子どもたちに次のように言いました。


長崎、吉野ヶ里の班別研修のグループを決めます。

全部で7グループ。どのように分けるのか。先生が全てを決めてもいいのですが、みんなが楽しみにしていた修学旅行です。

小学校生活の大きな思い出になる修学旅行です。グループ分けもみんなに任せようと思います。

先生からの条件は、三つ。

まず、人数。一グループの人数を四、五人にする。

次に、男女を混ぜる。班別研修は、遊びではありません。学習です。教室の学習班が男女で学習するように、修学旅行の学習班も男女で作ります。

そしてもう一つ。

「『悲しい思い』をする人を一人も出さない」ということ。

この三つを守れるのなら、決め方はみんなに任せます。

どうですか？

子どもたちは、うなずいていました。残りの時間は、子どもたちに任せました。

私は、オブザーバーでした。

早速学級会が開かれました。

子どもたちから出された選択肢は、二つでした。

「好きな者同士」「くじ」

予想通りです。

どのような人数分布だったと思いますか？　「好きな者同士」少数、「くじ」圧倒的多数、でした。

予想外でした。

子どもたちは、その名の通り、子どもです。

高学年といえど、欲求が剥き出しになるものです。心の中がわかる装置で覗いたら、全員「好きな者同士」が充満していることでしょう。

しかし、ほとんどの子がそれを選択しませんでした。それぞれ意義付けもしています。「好きな者同士だったら、入れない人が出てくるはずです」

「自分がそうなったら悲しいです」

「みんなが納得するくじがいいと思います」…

最後に多数決をとりました。

「くじ」に決定です。

くじ作りから抽選、そしてグループ分け、リーダー・サブリーダー決定、メンバー表記入まで子どもに任せました。各班から提出されたメンバー表を受け取ってグループ分けは終了しました。

III

「いのち」をつなぐ！　ライフスキル教育

1　絶望を経験した人から学ぶ！　希望の持ち方

1　「はい上がる」ということを教える

長い人生、誰にだって一度や二度の挫折はある。
後から振り返れば、懐かしい思い出も、直面しているときは奈落の底である。
「自分は、もうだめだ」という思いに押しつぶされそうになる。
世の中で、自分ほど不幸なやつはいないと錯覚する。
「死んでしまいたい」という思いに駆られることもあるだろう。
しかし、ほとんどの人は絶望の淵からはい上がる。
時間と忘却によって、その苦しみ・悲しみ・辛さ・切なさを振り切る。
子どもたちに、「はい上がる」ということを教えたい。

君たちの人生は、楽しいことばかりじゃない。辛いことも山ほどある。『もう自分はだめだ』と思うことだってあるだろう。でも、必ずはい上がることができる。投げ出すな！

これを子どもたちに伝えるとっておきの授業を紹介する。

2　絶望を希望に変える授業

大事故に見舞われ、再起不能といわれたレーサーがいる。

彼は、苦悩し、這い回り、もがき続けた末に、どん底からはい上がった。

彼の壮絶なエピソードには、挫折した者を立ち上がらせる力がある。

子どもたちに伝えたい生き様である。

彼のエピソードから「絶望からはい上がる」をテーマに道徳授業を組み立てた。

なお、本授業は、全編パソコン↓プロジェクターで進めるプログラムである。

(1)　車を運転していた人は…

サーキットでの、大事故のビデオを流す。

小雨降りしきる視界不良のレース。

どの車も、手前の車をよけるのに精一杯。

サーキットは混乱している。

一台のポルシェがスピンしながらコースアウトした。

その直後、同じくコースアウトした赤のフェラーリがポルシェの鼻先に飛び込んできた。

瞬間、フェラーリは大炎上。

紅蓮の炎に包まれた車体は、スピンしながらガードレール前で失速。

停止してもなお炎は吐き出されている。
ここで、ビデオを停止させ問う。
■車の中にいた人はどうなったと思いますか。
数名に聞く。

「死んだ」「大火傷を負った」
■車の中にいた人は、この人です。
レーサーの写真を見せる。
■太田哲也（おおたてつや）
■太田哲也選手は、世界の大きなレース　ル・マン二十四時間レース、全日本GTレースなど、ツーリングカーを中心に国内はもとより世界でも活躍している日本の一流レーサーです。レースシーンでは、数々のフェラーリを乗りこなしており、日本を代表する〝フェラーリ使い〟としてフェラーリ本社にも認められています。
■太田さんは、なかなか助けがこなくて、一分近くも車の中に放置されていました。
□クリック［事故後の映像］
■八百度の高熱でも数十秒間びくともしないヘルメットのシールドがドロッと解け落ちていました。
■太田さんは、大火傷を負いました。火傷の深さには、一度から三度まであります。一度は強い日焼け程度。表面が赤くなってひりひりする症状。二度は、水ぶくれになって跡が残る。三度は、皮膚全体が死んでしまい、毛を引くと簡単に抜けてしまう。そこに皮膚は二度とできません。人間は、全身の四〇パーセントが焼けると死んでしまいます。太田さんは、全身の四〇パーセントが三度の火傷でした。

■事故直後、目は焼けていて見えません。高温の空気を吸い込んだので喉も焼けて声が出ませんでした。

■全身は「因幡の白兎」のようにずるむけ状態でした。正常な皮膚も、移植のために全てはがれていました。

■お医者さんは次のように言いました。「残念ながら医学には奇跡という言葉はありません」

■奇跡は起こったと思いますか？

■奇跡は、起こりました。でも、命を取り留めた、ただそれだけでした。

(2) 事故がもたらしたもの

当時の写真をスライドしながら資料を読む。

■事故から一か月たって、太田さんは、初めて自分の体を見ます。

■右手は、皮膚がついていなくて赤い肉の中に白や黄色の骨や腱が見えている。

■体は、焼け焦げた木炭のように黒い。全身はどろどろと濡れて不気味に光っている。右足のすねは、単一電池が縦に二、三個入りそうな穴がざくろのようにぽっかりと口を開けていて、果肉のような粒状の赤い肉と白い骨のようなものが見えている。

■太田さんは、鏡で自分の顔を見ました。

■「あっ」と小さく叫んで、顔からは完全に血の気が引いていた。目は周囲の皮膚に引っ張られて、異様に吊り上っている。眉毛は一本も見当たらない。口は、斜め左に大きく引きつっている。眉毛があったはずの場所と唇の上の部分には、黄色い膿がこびりついている。一番驚いたのは、鼻がなかったことだ。鼻そのものが、ないのだ。のっぺらぼうのような顔の真ん中に、二つの穴が開いているように見えるだけだ。これは、何という生き物なのだろう？　これでも人間であると考えてよいのか？

子どもたちの視線は、画面に釘付けである。

耳は私の話に集中している。

教室の空気がピンとしている。

読み終えて、次のように言う。


太田さんは、この後、どのような思いでどのような日々を過ごすと思いますか。ノートに書きなさい。


子どもたちは、すぐにノートに向かい、もくもくと書いていた。

数名指名した。

「もう、死にたいと思った」「生きる気力をなくして何もしなくなった」「絶望した」

どの子も、マイナス思考である。

(3) 太田さんはどんな人か?

病院でリハビリを続ける太田さんの写真をスライドしながら次の資料を読む。

■　手のリハビリは事故から一か月したころからはじまった。僕は、手を強く握りこんだ。皮膚がビリッと割れて血が吹き出た。しかし、今やっておかないと一生握れなくなってしまう。手の甲はズタズタに裂けたものの、その日まる一日かけて何とか握りこぶしを作れるようにしてやった。

■　車いすに座れるようになって看護師さんに褒められた。今までは、ベッドから起き上がるだけで息をゼイゼイ切らし、座ってからも体が崩れてしまってなかなか支えられなかったのだ。ちょっと褒められただけなのに、まるでレースの表彰台に上がったときのような気分になった。

■喉に開いていた穴に発声装置が取り付けられた。やっとしゃべれるようになった。人に直接気持ちを伝えられるありがたみをしみじみと感じた。金属管の先を指でふさぐと声が出る。「バー、バー、ボンドーダー、ゴエガデルジョー（あー、あー、本当だ、声が出るぞ）」

■僕は、痛みを次第にコントロールできるようになった。

■鼻は、オデコの皮膚と肉を使って新たにつくるのだ。そのため、あらかじめオデコの肉を拡張する手術を行う。

■これから先、痛みを伴うけれども、どんどん手術を重ねていこう。

子どもたちのまなざしは、真剣だ。

次のように問う。

太田さんはどんな人ですか。太田さんについて感想を書きなさい。

机間を一周してから、発表させた。

・太田さんは、あんな事故の後に、こんな考えがもてるなんてすごいと思った。
・自分の怪我をなんとしても治そうと思う気持ちに感動した。
・太田さんは、強い人だ。
・死ぬほどの怪我を乗り越えようとする気持ちに感動した。

どの子の感想にも、太田さんの生き様に対する感動が綴られていた。
子どもの感想を取り上げ次のように問う。

「太田さんは、強い人だ」という感想がありました。太田さんは、強い人でしょうか。「強い人」だと思う人？

全員が「強い」に挙手。

(4) 太田さんは本当に強い人か

「太田さんは、強い人だ」という感想がありました。太田さんは、強い人でしょうか。「強い人」だと思う人？

全員が「強い」に挙手。これを受けて次のように言う。
「太田さんは、事故にあった直後、次のようなことも言っています」
■あのとき、俺は死ぬべきだったのに、間違えて生き返ってしまった。死んだほうがどれだけ幸せだったろう。
■治療室の前に来ると、痛みが思い出されて震えが止まらなくなり、イヤイヤをする。
「なぜ自分だけが事故に遭ったのか」「どうしてこんな思いをしなければならないのか」「おれが何を

したっていうのか」
■もはや僕は、家族にとって、迷惑な存在以外の何者でもない。
■いったいオマエは、何のために生き延びようとしているのだ。
■僕が生きていること自体が「悪」なのである。僕には生きる資格がない。
■「おい、おれが何をしたっていうんだ。事故の時だってミスをしていないし、その前だって、こんな目に遭わなきゃならないようなことは、何もしていないじゃないか！」
■あのまま、死ねばよかったのに、なぜ俺は助かったのだ？　どうして生き返ってしまったのだ？　時間が経つほどに悲しみが込み上げてくる。

(5)　希望を持つために必要だったこと

「太田さんは、自分の運命に絶望を感じたのです。しかし、その絶望から、手術とリハビリに強い希望を持って臨むようになりました」
「太田さんは、絶望を希望を持つために必要だったことがあると言っています」

希望をもつために必要だったことは何だと思いますか。ノートに書きなさい。

指名し、発表させる。次の予想が出た。
・家族の支え。
・ファンの支え。

・またレースをしたいという気持ち。
画面をクリックする。

スピーカーからメッセージが流れる。

哲っちゃん……。私と佑人とリーちゃんのためにがんばって、哲っちゃん。（妻・篤子さん）
がんばれ、がんばれ、元気になれ。
パパ、ディズニーランドつれてってぇ。（長女・理咲子ちゃん）
パパ、今日は、リレーの練習するの。がんばるから、パパもがんばって。（長男・佑人くん）

授業を参観していた保護者の中には、ハンカチで顔を押させる方もおられた。

ある子を指名する。

「誰の声でしたか」
■　家族です。
「太田さんは、次のように言っています」
■　どんなときでも僕は一人ぼっちじゃない。きっと誰かがいつも僕を見ていてくれるような気がする。
スクリーンに次の言葉を映し出す。

強い支え

「まだあります。太田さんは、事故から二か月後、治療の途中で退院して家で治療を始めました。希望を持つために必要なこと、それは家にあったといいます。病院になくて家にあったこと、何だと思いますか」

■これは、なかなか出なかった。

■家に戻ってからは、笑う回数が増えている。みんなの笑いに元気づけられる。楽しいから笑うのではない。笑うから楽しくなるのだということを実感した。「生きる意味は何か？」というような難しい問題に答えを見出さなくても、楽しいことがあるならば、とりあえずは生きてみようかという気になってくる。

スクリーンには次の言葉が加わる。

笑い

「そして、もう一つ。これがあったから絶望を乗り越えられたと言います」

■僕は、事故に遭ってから、悲しんだり、悩んだり、怒ったり、不安になったりを繰り返した。弱音ばかりはいていた。しかし、そこから本当の意味で自分の運命を受け入れようという気持ちになった。深く悲しんだり悩んだりしてはじめて、立ち直っていく元気がわいてきた。絶望を希望に変えるために必要なこと、それは「悲しむ作業」を徹底的に行うことである。

スクリーンに次の言葉が加わる。

十分な悲しみ

子どもたち全員を見渡して次のように言う。

ここにいるみんな。これから先、長い人生で「自分はもうだめだ」と思うことが一度や二度は必ずあります。そんなとき、今日の授業を、太田さんのメッセージを、思い出してください。

(6) 絶望は必ず希望に変えられる

「さて、事故から三年数か月、太田さんは、三十回以上に及ぶ大手術と悲鳴をあげるほどのつらいリハビリを繰り返しました。障がいは残っていますが、なんとか歩けるようになりました。鼻もまゆも唇もつくり直し、顔も整ってきました。事故前から続けていた雑誌の原稿執筆をパソコンで再開しました。そんな太田さんからメッセージがあります」

パソコンからメッセージが流れる。

たしかに障がいがあって、ハードルがあるけれど……それを飛び越えたとき、とても大きな喜びがある。

新しいステージ(階段)に上がって、新しいスタートラインを切っている。

そのときは、できないと思っていたことが、やってみるとできることが結構あるってことが自分の実感なんですね。
それをだから、伝えていきたい。もっともっとそういった哀しみの中にいる人に、エールを送れるようになりたい。

少し、間をおいて次のように言う。

さて、現在の太田さんの生きがいは何だと思いますか。

「ボランティア」「本を書く」「いろんな人に会う」「まさかと思うけどレース復帰」などの予想が出た。
「太田さんの生きがいです」
パソコンの映像を流す。

（たくさんの声で）おかえりなさ～い。
（ナレーター）絶望のときを経て、彼は戻ってきた。あの日、越えることのできなかったスタートライン。あの日と同じ真っ赤なフェラーリに乗り込み、今、走り出す。

画面には、サーキットに戻ってきた太田さんとたくさんのファンの姿が流れる。
「走り終えた太田さんは、言いました」

無駄といわれたリハビリを無理して続けてきて、でも、それが本当によかった。やればやっただけ、どこかへいく。確実に前へ進む。決して無駄じゃない。足を踏み出すのは。

「授業の感想を書きなさい」

数名を発表させて授業を終える。

「あきらめずにがんばっていくことが大切だ」「これから先、辛いことがあったら今日の授業を思い出したい」など前向きな感想がたくさん綴られていた。

この授業を追試した岡山県の山本芳幸氏から次のような報告をいただいた。

□「荒れた高校でこの授業をしました。私の言うことなど全く聞かなかった生徒が、この授業は真剣になりました。授業後、ボスが私のところへやってきて言いました。『先生、今日の授業よかった…』ありがとうございました」

たくさんの人にこの授業を伝えたい。リクエストがあれば、授業ライブに伺いたい。

2 ゲームのやりすぎから身を守る！ 脳の鍛え方

1 テレビゲームは脳の機能を低下させる

学習・意思決定・善悪の判断など、人間としての生き方をコントロールする脳部位を前頭前野という。

前頭前野の機能が低下すると、判断力が落ちて、状況や周囲に配慮しない行動をとるようになってくる。自分勝手な態度や非常識な言葉づかい、暴力的行為などがその典型である。また、無気力にもなる。

テレビゲームは、前頭前野の機能を著しく低下させる。

森昭雄氏（日本大学）は、著書『ゲーム脳の恐怖』（日本放送出版協会）でこの事実を紹介した。慢性的にテレビゲームをして育った人、児童期（あるいは幼児期）より慢性的に長時間テレビゲームをして育った人は、脳の発達は妨げられる。前頭前野の脳活動が消失したといっても過言でないほど低下してしまうという。

このような人たちに、キレる人が多い。また、反対にボーッとしていることも多く、集中力が低下している。物忘れが非常に多く、時間感覚がなく、学校も休みがちになる。

表情は乏しく、身なりに気を遣わなくなる。気が緩んだ瞬間の表情は、認知症の方の表情と酷似している。人との関わりは浅く、一人で内にこもる人が多い傾向にある。

2　生活の一部と化しているテレビゲーム

ある学級でテレビゲームに関する実態調査を行ったところ、全員何種類かのゲーム機を持っていた。

使用時間平均は、

・平日で九十分（最長時間百八十分）、・休日で百三十分（最長時間三百六十分）である。

テレビゲームの使用について、保護者とのきまりをもうけているのは一〇パーセントである。また、長時間テレビゲームをする児童は、家庭学習の時間が著しく短い。

自分の生活を自分でコントロールすることができていないことが分かる。

このような子どもたちに、前述の事実を伝え、意思を持って自らの生活をコントロールするよう促すことはとても大切なことである。テレビゲーム使用時間をコントロールするというライフスキルは、自分の脳を守り、命を守ることにつながる。

道徳授業　自分の脳を守ろう

テレビゲームを長時間することの恐ろしさと脳を鍛える方法をパソコン・プロジェクター画面で教える授業をした。

(1) ゲームあてクイズをする

「これは、なんでしょう」

人気のあるテレビゲームの画面を提示して、子どもたちにゲーム当てクイズを実施した。

ほとんどの子がフラッシュされた瞬間に挙手をする。全員全問正解である。

(2) TVゲームの是非について考える

子どもたちに問う。

テレビゲームをすることとは、自分にとってよいことですか、よくないことですか。「よい」と思った人は○、「よくない」と思った人は×を紙に書きなさい。

「○？」数名
「×？」残り全員
理由を聞いた。
（○）楽しい／スカッとする
（×）目が悪くなる／勉強する時間がなくなる
どの子も、まさか自分の脳がどうにかなるなんて思っていないようだ。

(3) テレビゲームの脳への影響を知る

「先生は、テレビゲームをすると、みんなの頭の中がどうなるかを調べてきました」

次の画面①を提示する。

「ものを考えるのは、頭の中にある脳です。これは、考える力を表したグラフです。緑の点が考える力です。赤色の部分（下半分）は、何も考えていないところです」

「テレビゲームをすると、考える力はどうなるのでしょう」

【**考える力**】がぐっと下がる。

子どもたち、びっくりする。そこで言う。

①

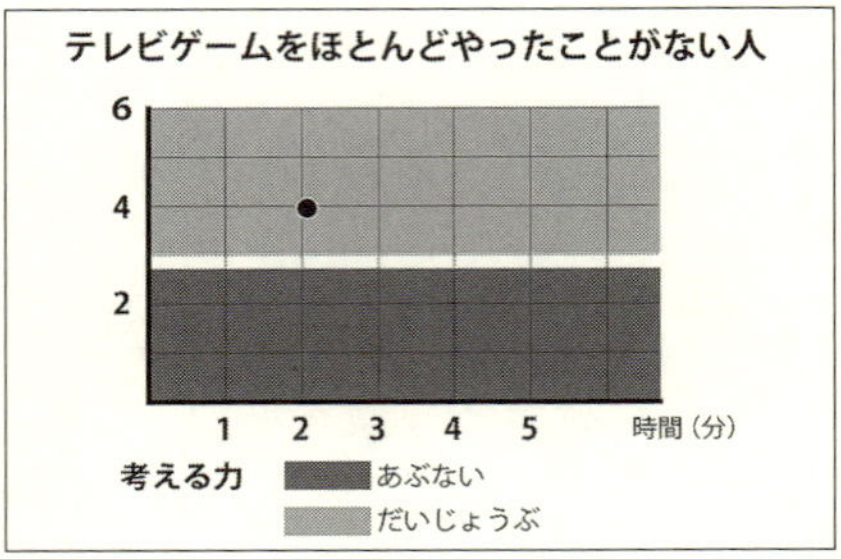

②

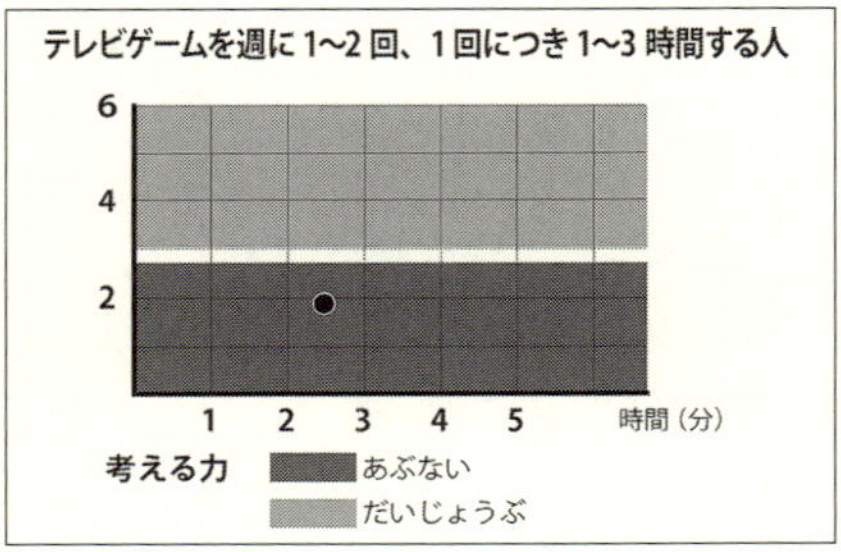

③

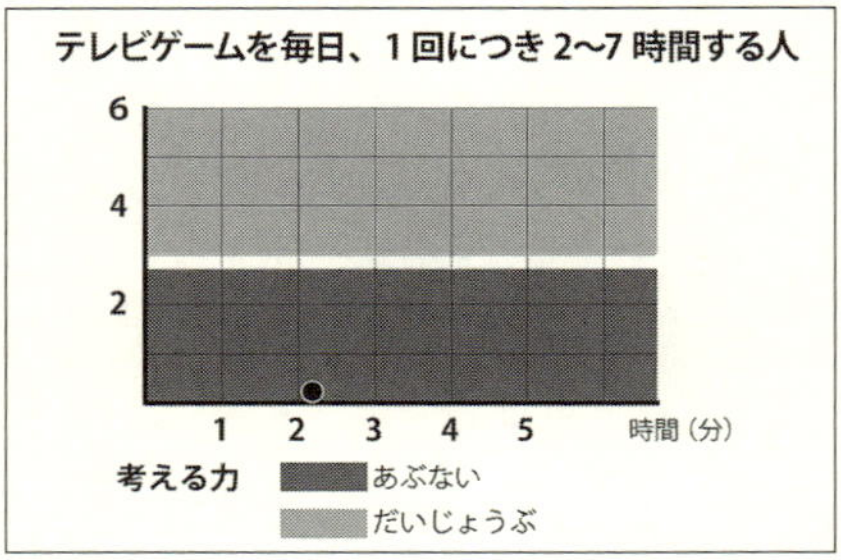

「でも、これはテレビゲームをほとんどやったことのない人のことです。テレビゲームを週に一、二回一～三時間やってる人は違います」（②を提示）

【考える力】の最初の位置が最初から違っている。

続いて言う。

「テレビゲームを毎日二時間以上している人はさらに違います」（③を提示）

【考える力】は、ほとんど0である。

テレビゲーム好きの子どもも、驚いていた。

（4）脳の働きとテレビゲーム

「みんなの脳には、いろいろな働きがあります」

【前頭前野】勉強したり、友達のことを考えたり、よいことと悪いことの区別をしたりする。

【運動野】体を動かす。

【頭頂葉】自分に触れているもの触っているものが何なのか調べる。

【後頭葉】目に映ったものが何か調べる。

【側頭葉】聞こえた音が何か調べる。

「テレビゲームをしているときに働くのは、どの脳でしょう。予想しましょう。二つ以上でもいいです」

予想を挙手で確認する。

○　前頭前野……多数
○　運動野……少数
○　頭頂葉……なし
○　後頭葉……少数

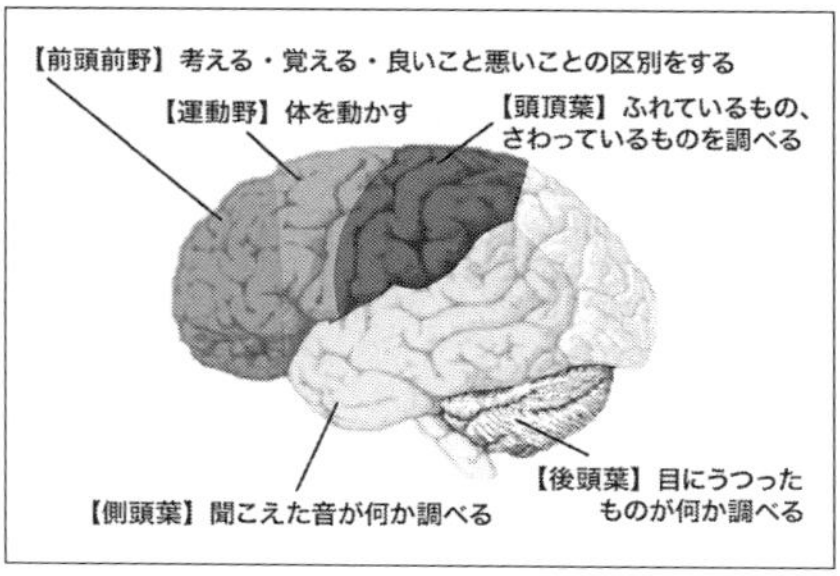

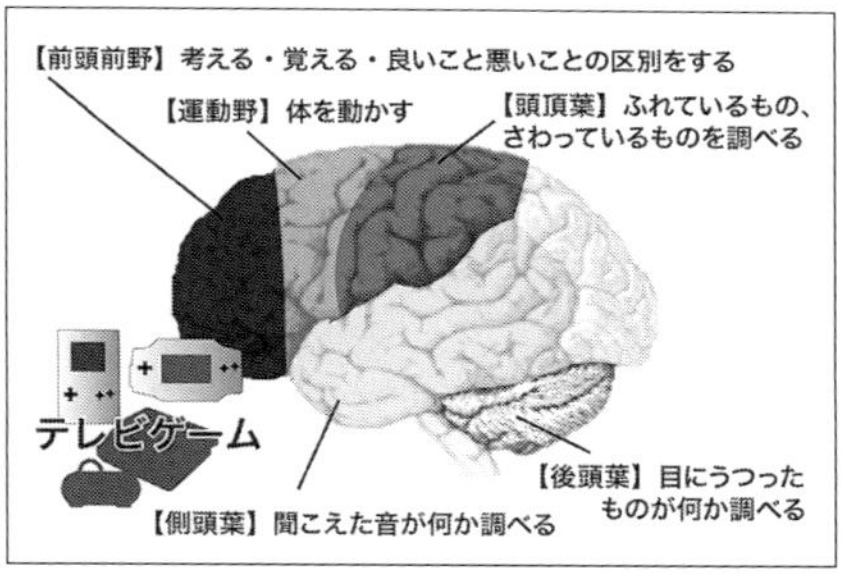

○　側頭葉……少数
画面のテレビゲーム機のシルエットを押す。

テレビゲーム遊戯中に活動する脳がアニメーションで動く。次の部位が活動する。

【後頭葉】【側頭葉】
↓
【頭頂葉】
↓
【運動野】

脳を鍛えるのはどれ?

【1】どちらの読み方が、脳を鍛える?

A 場面を想像しながら黙って読む

B 何も考えずに声に出して読む

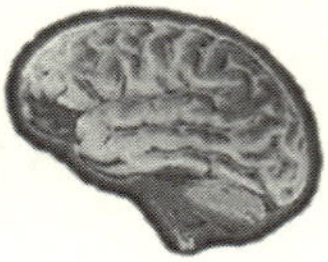

【前頭前野】は、全く活動しないのだ。

次のように説明する。

テレビゲームをすると、考える脳は働かないのです。

「毎日何時間もすると、『考える脳は必要ない』と脳が判断して、活動することをやめてしまいます。やがて、全く動かなくなってしまうのです」

「考える脳が、活動しなくなると、どうなりますか」

「勉強ができなくなる」「記憶力が悪くなる」「悪いことをするようになる」など出る。

テレビゲームをすることは、自分にとってよいことですか、よくないことですか。

全員が、「よくない」に手を挙げた。

このあと、前頭前野を活発にする遊びを教えた。例えば「お手玉」などの手先の運動を伴った遊びである。

さらに、前頭前野を活発にする活動として、音読・簡単な計算・指書きで覚える漢字・百人一首があることをクイズを通して教えた。

「自分の脳を大切にする」ことは「自分の命を大切にする」ことにつながる。

3 バランスよく食事しよう！ 腸相から学ぶ食事の仕方

1 食育は「いのちの授業」の一分野

食生活に関する正しい知識は、健康な人生の貴重な情報である。

食べ物の選択・食べ方・食事の作法・食材に関する情報、これらを正しく教えることを食育という。

食育は、命を守る。

子どもに教えたい「いのちの授業」の一つである。

私がつくった食育の授業の一つを紹介する。

2 腸を守る食事

(1) みんなの好きなメニュー

下の場面を提示して問う。

「これは、何でしょう」

「ハンバーグです」

(画面に集中させたいとき、このようにシルエットで提示するという技法は、パソコン活用授業の教育技術の一つである。)

シルエットをオープンすると、アニメーションで次の画面が提示される。

「好きな料理を三つ書きなさい」

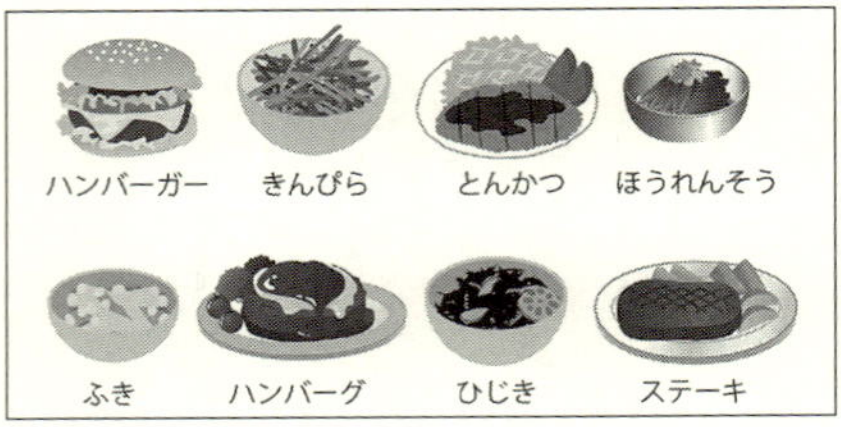

三十秒後、数名の子に好きな料理を発表させる。ハンバーグが人気だ。

全員にも挙手で確認する。

ハンバーグ・ハンバーガー・ステーキ・とんかつがほとんどである。

「みんなに人気の料理の材料は何ですか」

「肉です」と子どもたち。

「肉料理をたくさん食べると、どうなりますか」

「太る」「力が出る」など出る。

(2) 肉をたくさん食べるとどうなるか

「肉をたくさん食べると人間の体がどうなるのか、調べてきました」

「先っぽにカメラがついた管を口から腸に入れて、食べ物が腸までいくとどうなるのか調べます」

「これは、アメリカの大きな病院でお医者さんをしている、新谷弘実《しんやひろみ》というお医者さんが発明しました」

「まず、健康な人の腸を見てみましょう」

腸の中を撮影したビデオを提示する。

① 健康な腸

(動画)「健康な人の腸」は、ピンク色をしていてつやつやしている。

「わかったこと、気がついたこと、思ったことを書きなさい」

一分後、発表させる。次のものが出る。

「ピンク色をしている」「つやがある」

②　肉好きな人の腸
「では、肉をたくさん食べている人の腸を見てみましょう」

（動画）「肉好きな人の腸」は、消化された後の肉が、大腸の壁にこびりついている。


「わかったこと、気がついたこと、思ったことを書きなさい」

一分後、発表させる。次のものが出る。

「腸がへこんでいる」「黄色いものがついている」「健康な人の腸よりきたない」

「黄色いものは、肉です。栄養を吸収された肉が腸の壁にこびりついています」

③　野菜をほとんど食べない人の腸
「では、肉好きで野菜をほとんど食べない人の腸を見てみましょう」

子どもたちの目は、画面に釘付けである。

投影した瞬間、子どもは「あっ」となる。

（動画）「野菜をほとんど食べない人の腸」は、こびりついた肉が便として体の外に出ないので、腸の壁で腐り始める。

少し間をおいて、言う。

「わかったこと、気がついたこと、思ったことを書きなさい」

一分後、発表させる。次のものが出る。

「きたない」「黒くなっている」「汚れている」などが出る。

「さっきのこびりついた肉が、腸の壁で腐ってしまいました」

「野菜を食べない人の腸は、こんなになっているのです」

「まだあるのです」

子どもたちは、ぎょっとする。

「肉しか食べない人の腸は、いったいどうなっているのでしょうか。見てみましょう」

④　肉しか食べない人の腸

「えっ？　まだあるの？」という顔である。一瞬間をおいて、次の画面を投影する。

（動画）「肉しか食べない人の腸」腐った肉ののせいで、腸の壁が炎症を起こし、ただれ始めている。

「肉をたくさん食べるとどうなりますか」

次のような感想が出る。

・腸が汚れる。

（3）肉ばかり食べると体中が汚れる

「困ったことになるのは、腸の中だけなのでしょうか」

動物は、ものを食べると消化されながら小腸まで行きます。小腸では、栄養が血液に乗って全身に運ばれます。血液は、体中の隅々まで栄養を届けます。「食は血となり血は肉となる」のです。

「栄養を吸収するための腸が汚れていたら、どうなりますか」→「血液が汚れます」

「血液が汚れると、どうなりますか」→「体中が汚れます」

「体中が汚れると、どうなりますか」→「病気になります」

「肉をたくさん食べるとどうなりますか」→「腸が汚れて、病気になります」

（4）腸をきれいにする食べ物

「みんなの腸は、どうなっているでしょう。野菜を食べない人の腸はどうかな？」

「でも、大丈夫。まだ間に合います。腸をきれいにする方法があるんです」

「腸をきれいにするにはどうすればよいですか」→「野菜を食べる」「病院にいく」「水をたくさん飲む」

「肉を食べない」…。

「腸をきれいにする食べ物があるのです」

「腸のそうじをする食べ物はどれですか」

クイズ形式になっているので、選択肢から選ばせる。

このクイズは、スマートボード（スマートボード社）を使い、ゲーム形式で実施すると盛り上がる。

「○がついた食べ物は何ですか」

「野菜です」

「野菜は、腸をきれいにするんですね」


次のゲームをする。

「腸をきれいにする料理はどれですか」

「○がついた料理は、何ですか」

子どもから、適当な言葉が出ない。

「日本で生まれた料理『和食』といいます」

「和食は、腸をきれいにするんですね」

(5) 肉も野菜も食べることが大切

最後のエピソードを二つ話す。

【エピソード①】

大リーグに、ノーラン・ライアンという大投手がいました。「球速一六〇km、ノーヒットノーラン七回。そして、四六歳まで活躍しました。ノーランは、ピッチャーとしてのスタミナを保つために、肉をたくさん食べていました。でも、それだけでは、体が悪くなることを知っていました。ノーランは体を強くきれいにするために野菜も食べていたのです。どのくらいの野菜を食べていたかというと、肉と同じ重さです。肉を一〇〇g食べれば、野菜も一〇〇g食べるようにしていたのです。

【エピソード②】

ライオンは、動物の肉ばかり食べます。ライオンの腸の中は、汚いのでしょうか？ ライオンの腸はきれいなのです。なぜでしょう。（数名に発言させる）ライオンは、獲物の動物の胃に入っている野菜も一緒に食べているのです。肉食の動物も野菜を食べているのですね。感想を書かせて授業を終えた。このエピソードは前田憲明氏（ノーラン・ライアン）、吉岡剛氏（ライオン）に教えていただいた。

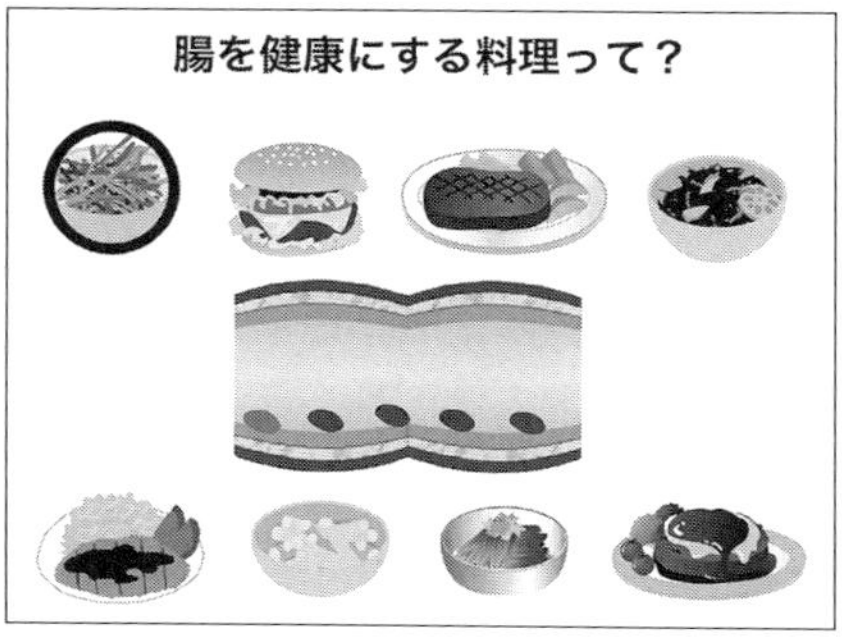

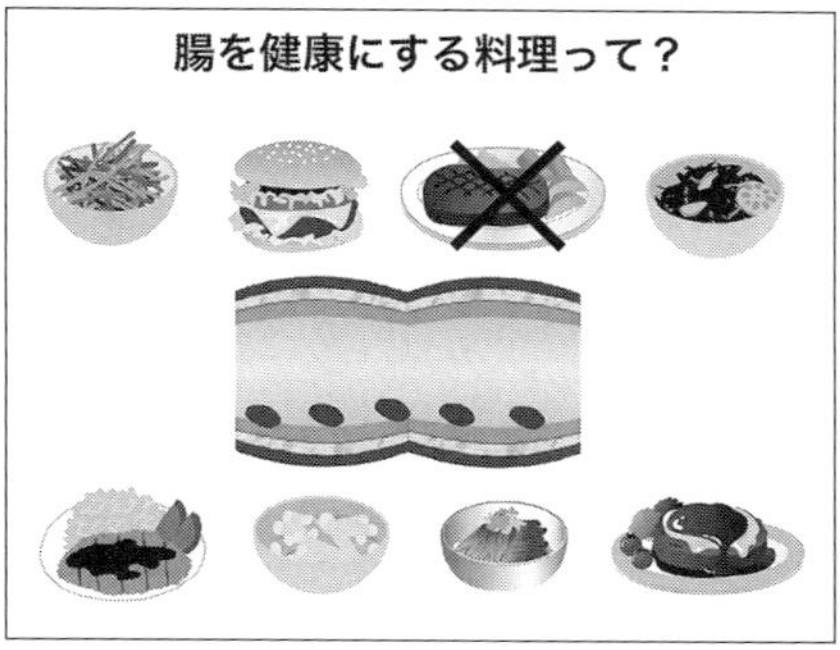

Ⅳ

最新テクノロジーから学ぶ「いのち」とは
――生命の設計図DNAと「いのち」

1 ヒトゲノム解読終了

二〇〇〇年六月、ヒトゲノムの解読が完了した。

生物がもつ〈全遺伝子の完全セットをゲノム〉といい、〈人間が持っている遺伝子セットをヒトゲノム〉という。

DNAとは、細胞の中に収められた生命の設計図である。

個人の性格、特徴、体質、病気…人生のあらゆる情報が書き込まれている。

生物は、この設計図にしたがって生命活動を営んでいるのである。

ヒトゲノムに書き込まれた情報（DNA）は、なんと三十億。細胞の中にはそれが対になって入っている。つまり倍の六十億情報である。

HUGO（ヒトゲノム国際機構）は、この六十億にわたる情報の解読に挑戦し成し遂げた。（実は、同じことをクレイグ・ベンター博士率いる一私企業セレラ・ジェノミクス社も成し遂げた。クレイグ・ベンター博士は、遺伝子界のビルゲイツと異名をとる。）

この六十億にわたる情報を読み取る作業とは、どういうことか。

榊佳之氏（HUGO第七代会長・ゲノム科学総合研究センター所長）は、著書『ヒトゲノム』（二〇〇六年刊）の中で次のように説明する。

「地球上の人口は現在約六十億で、その一人ひとりを調べることに相当する。まず、地球全体の地図をつくり、国や都市の位置を明確にしてから、それぞれの単位ごとの活動や特色を調べ、さらに詳しい人口調査を行って一人ひとりの役割を明確にするのと似ている」

なんと途方もないことだろう。

人類は、これに挑戦しそれを成し遂げてしまったのである。

もちろん、遺伝子解析の研究は、これで完了したわけではない。

現時点では、六十億にわたる情報からなる情報の並びが明らかにされている。

そして、そこに並んだ情報が何を意味するのか、どんな機能があるのかが、最新の研究で解明されつつある。が、意味や機能について、完全に明らかにされたわけではない。

つまり、私たちにとってそれらの情報の並びは、多くの暗号として残っているのである。

その暗号を解き、意味と機能を明らかにしていく作業がこれからの残された大きな課題である。

ヒトゲノム解読作業は、「構造」解明のレベルから「機能」解明のレベルに入った。

2　遺伝子解析がもたらすもの

もちろん、現時点でも少しずつ暗号解読作業は進んでいる。

ヒトゲノムは、人間の設計図である。

これら全てが解明されると生命現象を科学的に解明できる。

ＤＮＡの基本構造「二重らせん」を発見しノーベル医学・生理学賞を受賞したジェームス・Ｄ・ワトソンは、遺伝子について次のように解説する。

もはや離れたところからＤＮＡを観察するしかない時代は終わり、生物のＤＮＡを実際にいじってみて、生命の基礎となる原稿を読むことができるようになったのだ。こうして科学上の驚くべき展望が開けてきた。嚢胞性線維症（のうほうせいせんいしょう）やがんなどの遺伝病を理解する手がかりが得られ、ＤＮＡ鑑定によって刑事裁判は一変する。先史時代の研究にＤＮＡをもちこむことで、人類の起源、すなわち、私たちは何者であって、どこから来たのかに関する理解も大きく修正されることになった。また、農業の観点から重要な品種を改良し、かつては夢でしかなかった結果が得られるようになった。（略）

分子生物学の、そしてＤＮＡの可能性の前には、この先まだ長い道のりが残されているのは明らかである。がんの治療、遺伝病に対する効果的治療法の開発、遺伝工学による食物改良。これらはすべて、いずれ実現するだろう。ＤＮＡ革命の最初の五十年間には、目を見張るばかりの科学的進歩があり、それがさまざまな問題に応用されてきた。これからもさらに多くの進展があるだろう。

3　遺伝子組み換え技術への風評

ヒトゲノムと遺伝子組み換え技術に関する評価は、夢を実現する技術として紹介されるとともに「是非問題」としても語られている。

アメリカで始まった遺伝子組み換え食品では、日本でも「人為的に遺伝子を操作する」ことの是非論が起こっている。遺伝子組み換え技術に関して、恐怖論に近い否定的な論が展開されている。そのほとんどは、根拠のない風評である。

その一方で、遺伝子治療では、治療対象第一号となった子どもが外で遊べるようになったと新聞各紙はそろって好意的な記事を書いている。

遺伝子組み換え食品も遺伝子治療も基本となる技術は同じ遺伝子組み換えである。一方は野菜だからダメで他方は人間だからＯＫというのはおかしい。

一般論からいえば、野菜より人間に対する技術の適用の方が、より慎重であるべきではないのか。遺伝子組み換え技術の是非論は結論がつかない。もともと技術というのは社会的な要求を先取りする形で発展するので、善悪の区別はつけにくい（原子力エネルギーの活用がそうであったように）。

遺伝子組み換え技術は「生命を操作する」というイメージを作りやすいので、ネガティブ論になりやすい。

しかし、遺伝子組み換え技術は超高度な情報技術をもとにした研究である。人類の科学技術の集大成がヒトゲノム研究である。

遺伝子は、「知ることの素晴らしさ・面白さ」を教えてくれる。

また、地球上に住む人類の未来を明るくしてくれる。

もともと科学技術には、光と陰の両面がある。

革新的な科学技術は、陰の部分がクローズアップされ、それが全てであるかのような評価が下る（原子力エネルギーがそうであるように）。

あらゆる面で人類全体の未来を明るくしてくれる遺伝子研究に関して、子どもたちをネガティブな方向に育ててしまうことがあれば、大きな損失である。

4　子どもたちに正しい情報を提供しなければならない

遺伝子研究・技術の陰の部分も十分踏まえた上で、可能性の部分を子どもたちに教えなければならない。

現在、芽吹いた遺伝子組み換え技術は、子どもたちが担っていく未来で結実するはずだ。陰の部分を中心にした風評を浴び続ければ、子どもたちの遺伝子への興味・関心は負の方向に働く。「遺伝子研究って面白い！」「遺伝子組み換え技術ってすごい！」ということを学校教育の中で教えていくことはとても大切である。

遺伝子の授業は、未来を担う子どもたちに必要な教育の大きな枠組みである。

遺伝子の授業は、子どもたちの夢を育むという視点からも重要である。

将来、遺伝子研究分野で世界をリードしていく日本人が登場することを強く強く望んでいる。

5　授業づくりの視点

自分が調べたことを「これでもか！」と並べ立てる授業がある。

難解を難解のまま伝達する授業がある。

資料を素材のまま見せる授業がある。

こんなことは、大学教授の仕事だ。

大学生は、素材を自分で血肉化する消化能力を持っていることが前提だからだ。
しかし、小・中（高）では通用しない。
集めた素材の九割は捨てて厳選する。
複雑で難解な情報のプールからエキスを抽出し単純化する。
素材を教材に料理する。
このような作業が授業には必要だ。
子どもが、消化吸収しやすいように加工しなければならない。
私は、常に「どうしたら子どもが食べやすいか」を意識して授業を作る。
教材研究とは、まさに複雑を単純に、素材を教材に翻訳する作業なのである。

6　遺伝子を教えるための素材

遺伝子に関わる情報は、複雑で難解だ。
子どもに次の情報を伝えたい。

■　遺伝子の仕組みと役割
■　遺伝子解析
■　遺伝子操作
■　遺伝病の治療と予防

これらの素材を教材化する。

子どもが、食べやすいように加工する。

そして、消化吸収しやすいように、組み立てる。

「遺伝子・DNA」は、従来の授業になかった新たなテーマだ。しかし、これからの学校教育の中で必ず必要となる。


遺伝子を素材にした生命の授業の実際を紹介する。

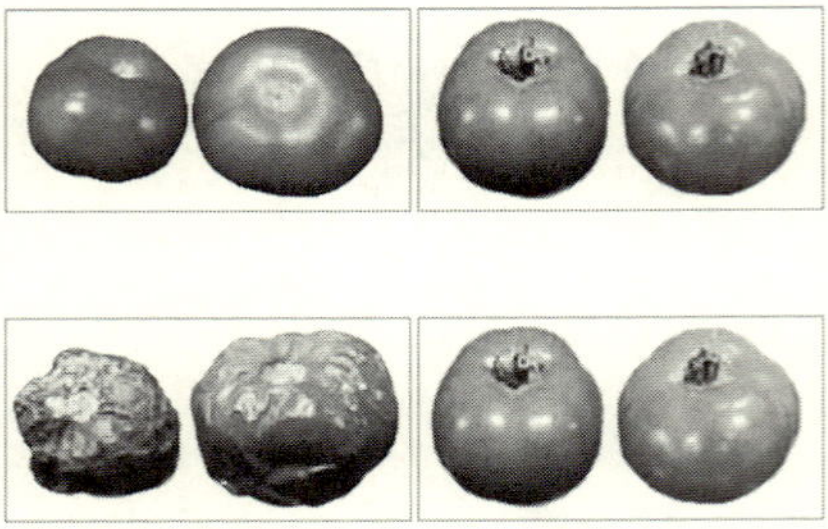

7　遺伝子組み換え技術の一般的イメージ

「新鮮なトマト。時間が経つと、どうなりますか」

聞く。

「腐ります」

「こんな実験をしました。画面を見て気づいたことを言いなさい」

「左は腐るのが早くて、右は腐るのが遅い」

「そうだね。左は、普通のトマトです。右のトマトにはあることをしています。どんなことをしていると思いますか」

「農薬をかけている」

「有機栽培している」

「右のトマトは、遺伝子操作をしています」

「遺伝子操作について思っていることを、ノートに書きなさい」

順に発表させる。

「そんなもの食べたら、あぶない」

「自然な姿を人間がいじるのは、よくない」

みんな、「遺伝子操作」という言葉は情報として知っている。そのどれもが、ネガティブなイメージとしての情報である。

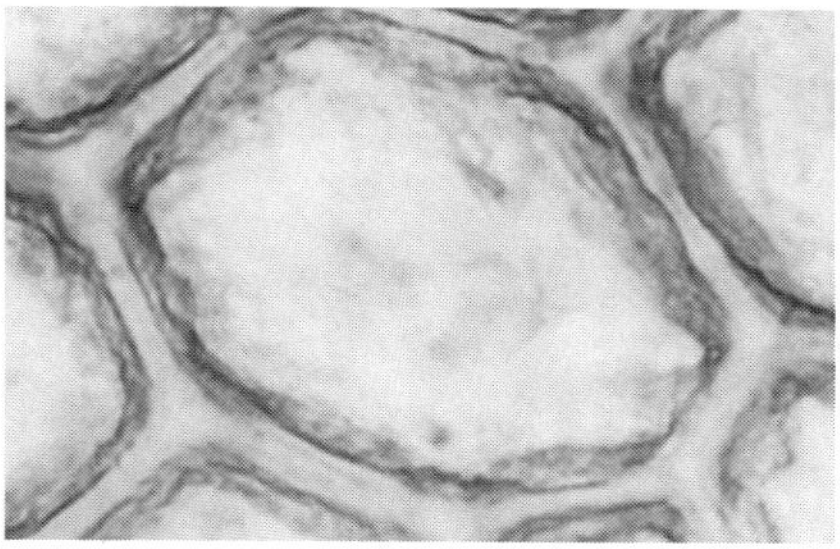

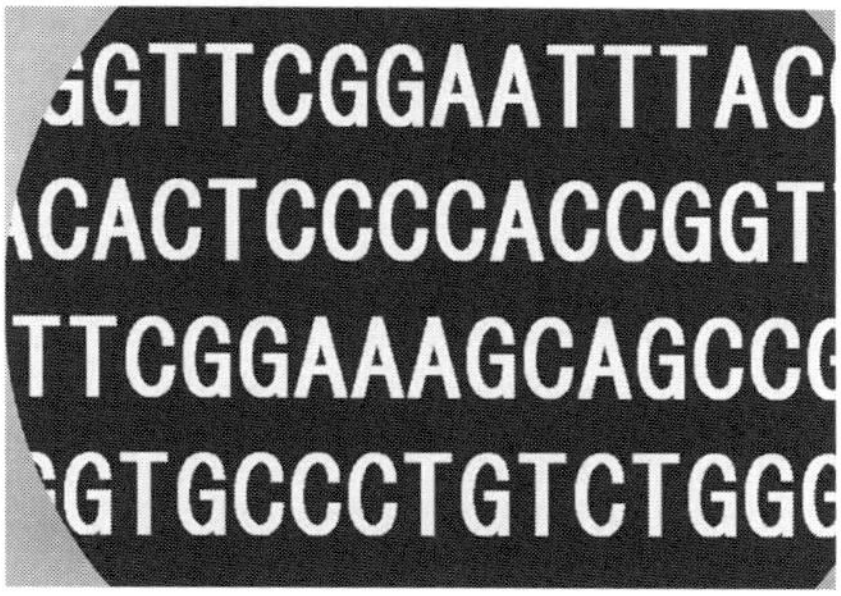

そこで、遺伝子・DNA・遺伝子組み換え技術という基本的なことを教える。

8　DNAと遺伝子と遺伝子組み換え技術

「遺伝子組み換え技術とは、何をどうすることでしょう」

「トマトにぐっと近づくと、小さな小さな部屋がぎっしり詰まっています。これを細胞といいます」

「細胞をさらに拡大すると、ボールのような入れ物があります。その中には、文字がぎっしり書き込まれています」

「この文字を発見した人は、何の意味かさっぱりわかりませんでした」

「多くの人が、研究を始めました」

「やがて、文字の並びの一部を解読する人が現れました」

「例えば、次のように読むのです」

画面を見せる。

上の画面を見せて言う。

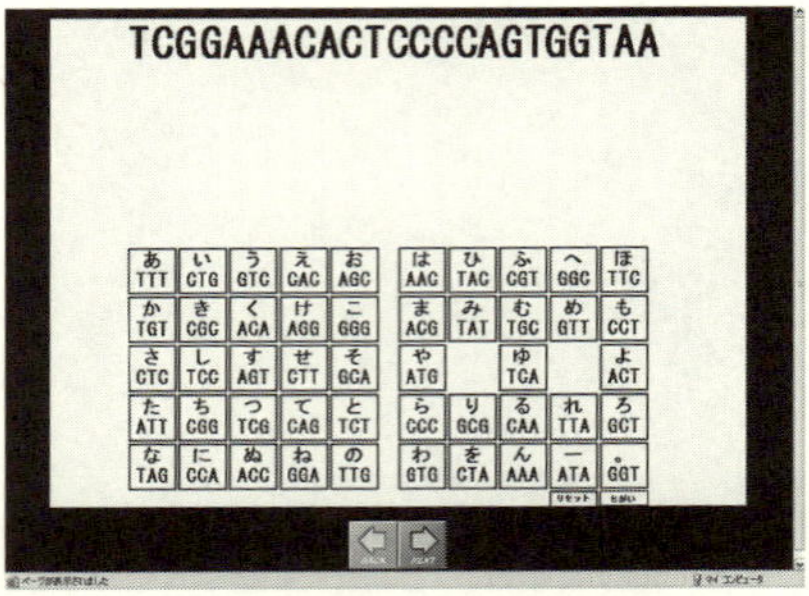

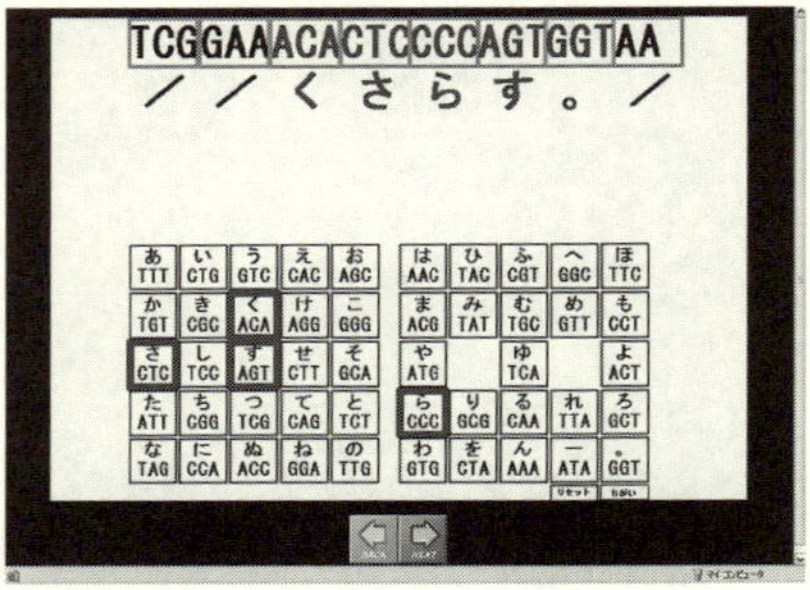

「読める人？」

手を上げる人は、一人もいない。そこで言う。

「暗号は、三文字で一つの意味を表します。最初に見つけるのは、文章が終わりの暗号です。『。』にあたる部分ですね。そこから、三文字ずつ区切って意味を探します。全く意味のない三文字のところまで来たら、つなげて読むのです」

「青い部分は、なんと読みますか」

「『くさらす。』です」

「そうですね」

このように、並んでいる文字の並びをＤＮＡといいます。そして、例えば「くさらす」といった意味のある部分を「遺伝子」というのです。

「研究者は、ＤＮＡの中から意味のある部分『遺伝子』を探しているのです」

たくさんのＤＮＡから遺伝子を探し出し、読み取ることを「遺伝子解析」といいます。

「腐りにくいトマトの遺伝子はどうなっているのでしょう。普通のトマトの遺伝子と比べると次のようになります」

読ませる。「くさらす」「くさらぬ」

「ＤＮＡで比べます。違いは、どこですか」

「ＧＴとＣＣです」

「そうですね、たくさんのＤＮＡのたった二文字を入れ替えてやるだけで細胞の働きは、全く違ってくるのです」

このようにＤＮＡの文字を入れ替えることを「遺伝子操作」というのです。

9　人間の遺伝子

「ＤＮＡの文字は、四つしかありません。それがずっと連なって、小さく小さく折りたたまれ核の中に入っているのです。このようなＤＮＡは、生き物全てにあります。もちろん、人間にもあります」

「例えば、次のような遺伝子の人がいます」

指名して読ませる。「ろうかはやい」

この遺伝子を持つ人は、こんな人です。

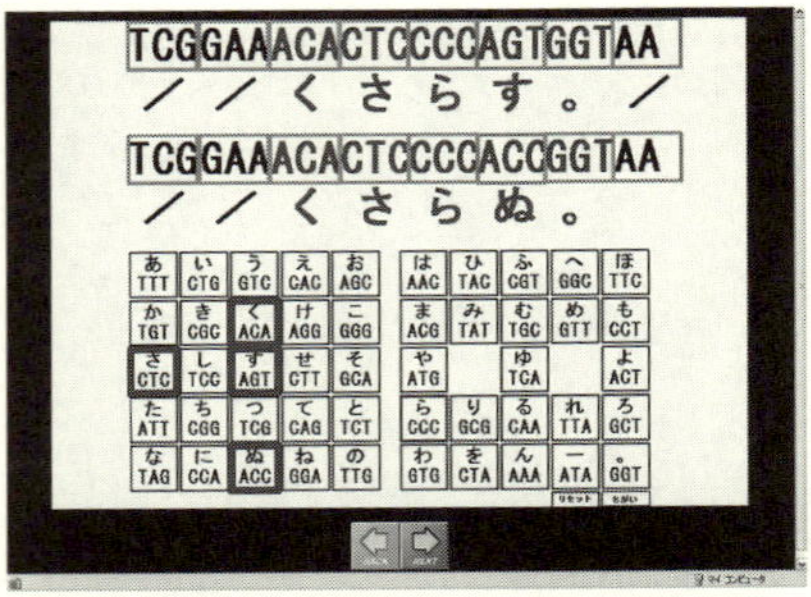

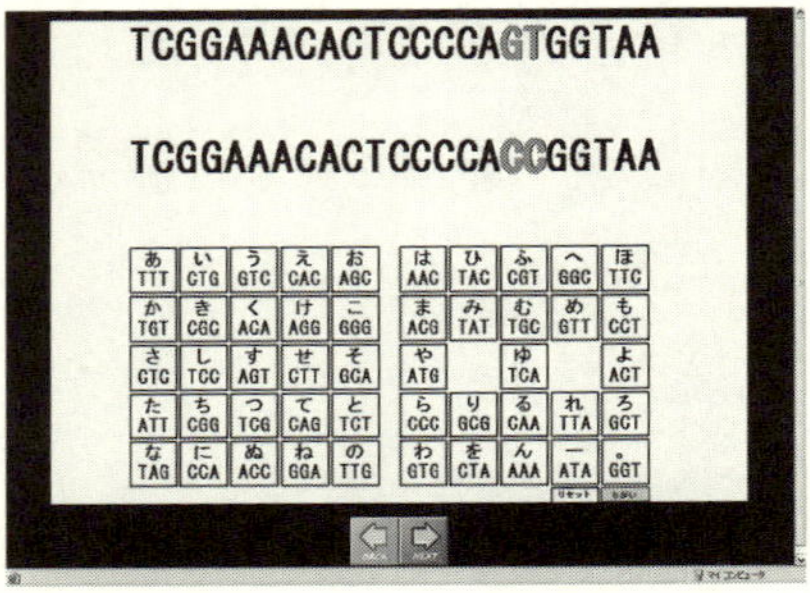

ビデオ映像を提示する。

【アシュリー・ヘギ】
十二歳にして、肉体年齢およそ八十歳。生まれながらにして「早期老化症」という難病と戦う少女。早期老化症の原因は、遺伝子の異常。（フジテレビ系ドキュメント番組より編集）

視聴後、次のように言う。

「あなたが、お医者さんか遺伝子研究者だったらアシュリーのためにどんなことをしてあげたいですか」

ほとんどが次のようにいう。

「遺伝子操作で病気を治してやりたい」

「そう考えるよね。じゃ、画面の遺伝子をどのように操作しますか」

挙手した一人を指名する。

「『ろうかおそい』とします」

「なるほどそうか。先生は、こうします」

次のようにする。

「『ろうかはやい』→『ろうかはいや』」

「ＤＮＡにすると、どうかわってますか」

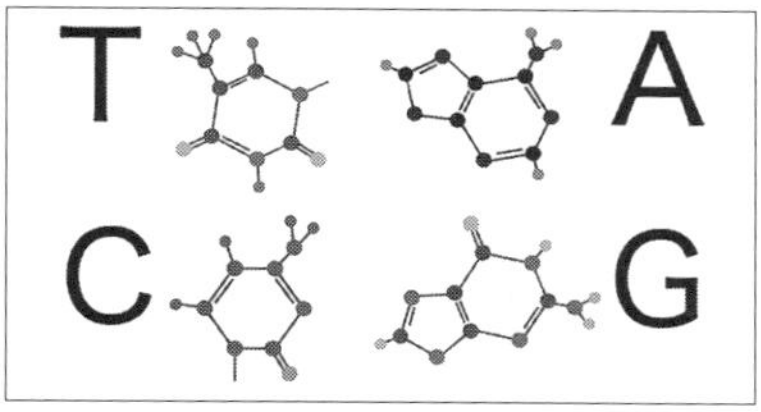

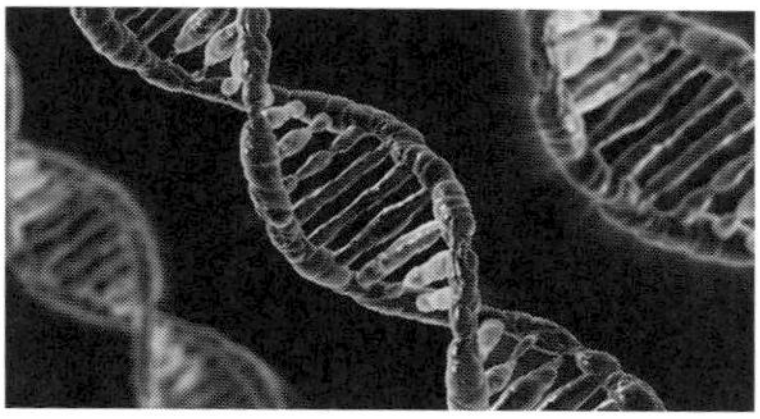

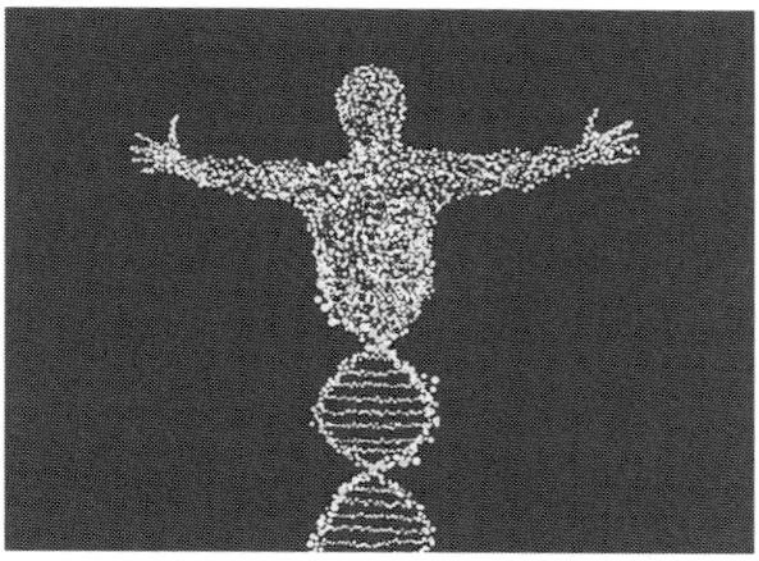

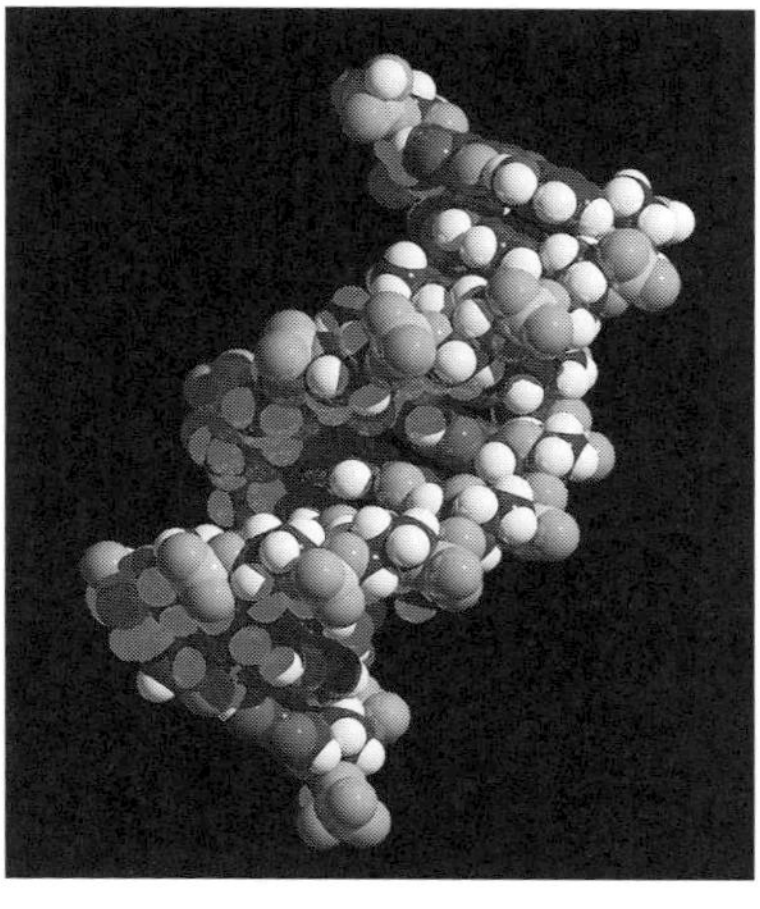

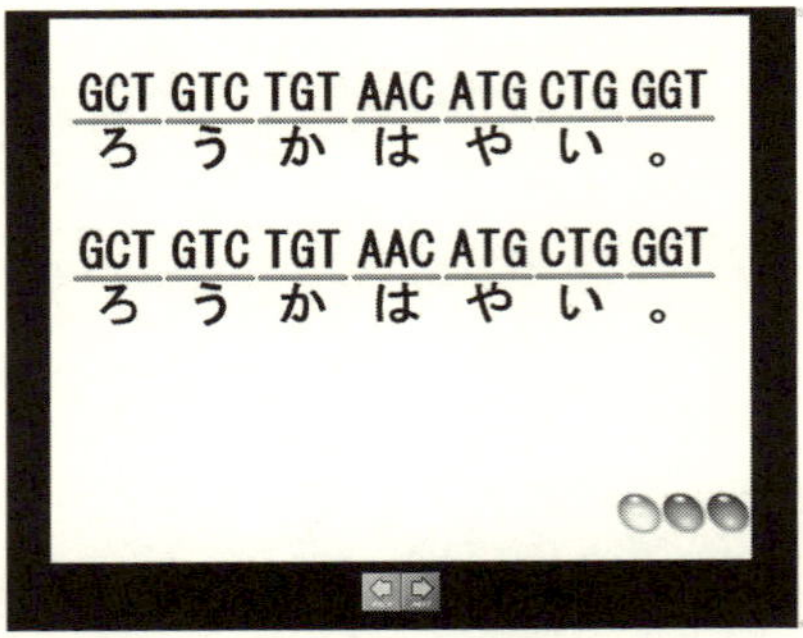

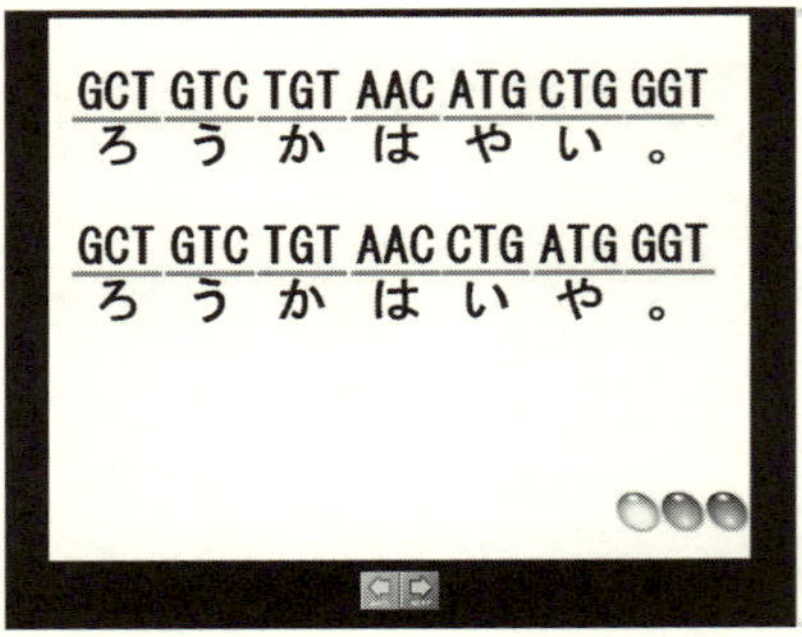

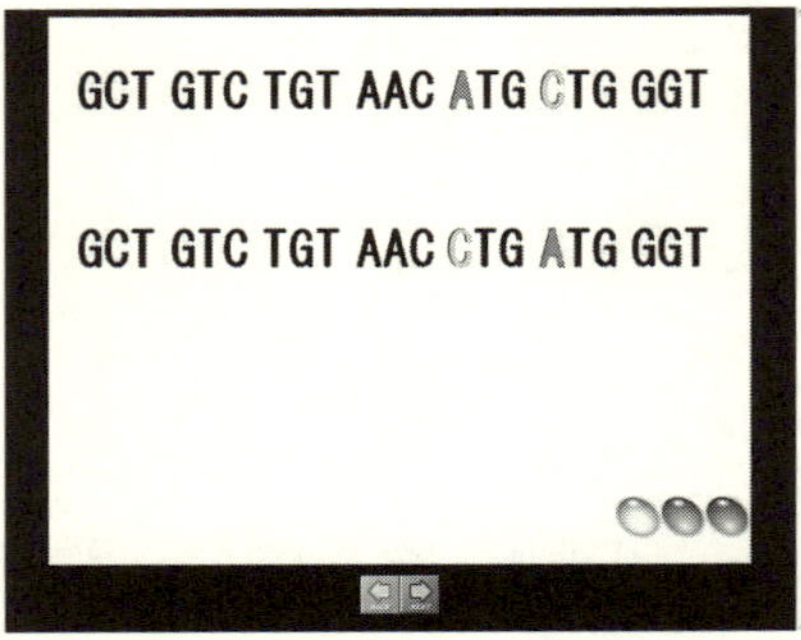

「AとCを入れ替えるだけです」

「そうだね。こんな簡単なことすぐにできそうですよね」

「でもね、そんなに簡単じゃないのです」

人間のＤＮＡは、全部で六十億個あります。ＤＮＡを探し出し遺伝子を解析する作業は、地球上の隅々に住んでいる人一人ひとりの住所と性格・特徴を全部調べあげることと同じなのです。アフリカの奥地に住んでる人も、高い高い山に住んでいる人も、赤ちゃんからおじいさんおばあさんまですべてを調べつくす作業なのです。

「そんなことできると思いますか」

「できない」全員がそうだった。

「ところが、全部のＤＮＡ解析に挑戦を始めた人々がいたのです」

「ヒトゲノムプロジェクト」の映像を流す。

さらに映像を続ける。（ナレーションより）

「ジョージマーチン博士は、世界中から血液を集めて、早期老化症の原因遺伝子を探しました。…そして一九八六年、ついにその遺伝子を発見しました」

「遺伝子操作について感想を書きなさい」

発表させる。

「『遺伝子操作はいけない』という感想を持っていたけど、安全で役に立つ遺伝子の研究をどんどん進めてほしいと思った」

国際ヒトゲノムプロジェクト会長の榊佳之氏の文章を引用する。次のような概要である。

「もちろん、科学の進歩には正と負の部分があります。そのことを十分に踏まえて、人類に役立つ遺伝子研究を進めていくことが大切です」

V

心から他人のことを考える！「いのち」について議論しよう

討論を通して学ぶ！　安易な動物愛護を乗り越える！

生命が個々人にとっては一つしかないことは分かっている。

全ての動物を大切にしなければならないことも周知のとおりである。

この前提に立った上でなお、子どもたちに考えさせたいことがある。


人間の社会生活は多くの動物の生命の上に成り立っているということ。

この揺ぎなき事実をしっかり踏まえた上での動物愛護であってほしいと思い、道徳授業を実施した。

1　実験に使われる動物たち

「自分の一番好きな動物が頭に浮かんだ人は起立！」

ほとんどの子がすぐに立った。

「その大好きな動物が死ぬくらいに苦しめられ、いじめられたら、どんな気持ちになりますか。思いついたら座りなさい」

全員が座ったところで、数名にその気持ちを言わせた。

「悲しい」「敵をとりたい」「かわいそう」…などが続く。

イラストを黒板に貼った。

瞬間、いやみのない笑い声とともにつぶやきが聞こえてきた。

「あっ、かわいい～」

「先生、それぬいぐるみ？」

「みんなならんどるやん」

「なにしよん？」


普通、高学年ともなれば、ブラックユーモアの一つも言って教師を苦笑させる、というのがお決まりのパターンである。

しかし、私のクラスにはたちの悪い冗談を言う子は一人もいない。

「かわいい」と思わず出てしまうあたりの無邪気さは、我がクラスの誇るべき一面である。

「うさぎたちは何をしているのですか」

「実験台にされている」と誰かが呟いた。

「そうです。このうさぎたちは、首かせで身動きできないようにされて実験されているのです」

「このような化学薬品を調べるために、実験されているのです」

こう話して、次の成分表を貼った。

安息香酸塩、エデト酸塩、オキシベンゾン、パラベン、ポリオキシエチレンラウリルエーテル硫酸塩、ポリオキシエチレンラウリルエーテル硫酸トリエタノールアミン

「知っている薬品がある人？」

誰も手を挙げない。

「どれかに触ったことがある人？」

これまた誰も手を挙げない。

「それはおかしい。全員触ったことも使ったこともあるはずです」

「えっ？」と子どもたち。

「これら全部を混ぜ合わせたら、みんなが良く使っているものができます」

「え～何？　何？」と子どもたち。

「これらにもう一つある薬品を加えます」

「香料」と付け加える。

「あ～、分かった！」とある子が言った。

その子を指名した。

「シャンプーかリンスだと思います」

「そうです。その通り」

こう話してシャンプーの実物を見せた。

「うさぎたちは、シャンプーが人間の体に安全かどうかを確かめるために実験されているのです」

「どんな実験でしょう」

資料を配って私が読み上げました。

さっきまで、ウサギをめぐって和やかな笑いに包まれていた教室にピーンとした空気が張りつめた。みんな真剣な面持ちで資料の活字を追いかけていた。


ある化粧品会社の動物実験研究室を写した写真には、首かせをはめられたウサギがずらりと並んでいた。白衣を着た研究者が、ウサギの目に薬液を注ぐ。その薬液によってウサギの目が白濁したり、極端なものは目が溶けて形がわからなくなったりしてしまう。

これが悪名高いドレーズ・テストといわれるもので、一九五九年にアメリカの実験医学者ドレーズによって考案されたものだ。ウサギには涙腺がないため、目に入った異物を洗い流すことができない。そのため、ウサギの目に注がれた薬物が強いものであると、角膜が白濁したり、溶けたりし始める。ウサギの目にそういう反応が現れた化合物は、シャンプーやローション、美肌剤、化粧品などに使うと危険だということで、製品開発の際、とり除く。

つまり、ウサギの目をつぶす実験は人間の美容や衛生用製品の安全度をテストするためのものなのだ。（中略）年間三十万匹を超えるウサギが、化粧品や農薬、化学薬品などの開発をすすめる企業や研究所で使われ、このうち二十万匹はドレーズ・テストに使われている。

（『死に絶える動物たち』藤原英司著（ＪＩＣＣブックレット））

「感想を書きなさい」数分後、発表させた。

子どもたちの感想が指名なしで続く。

○私は、最悪だと思います。あんなかわいいウサギが、こんな悲惨な実験に使われるなんて、私はいやです。

○人間のために、実験材料に使われるなんてかわいそうです。

○本当にウサギではなくてはだめなのか。もし生き物でないものでもできるのならそちらにしてほしい。

○私たちの衛生用製品の安全度をテストするためにウサギの目をつぶすなんてことを知ってビックリしました。人間は残酷だと思いました。

○人間への危険性を確かめるためにウサギの目に液を入れるのはかわいそうだと思いました。

○代わりの方法があるのか知らないけど、こんな実験を命のある動物にするのは止めた方がいいと思いました。

○私が普通に使っているシャンプーなどで、ウサギたちがこのようなかわいそうなことになっていることを知ったとき、どうにかできないかなと思いました。

○この実験を行っている研究員たちはとても残酷。

○とてもかわいそうだと思います。目の中に薬液を入れられて目が溶けていくなんて。

○安全の確認をするのはいいけど、ウサギがかわいそう。

○人間のための衛生用製品なのに、何十万匹のウサギの目を使うなんてとても怖いと思いました。

まだまだ続きそうだったが、発言を止めて言った。

「残酷といった人がたくさんいました。ひどいと言った人がいました。この中で、シャンプー使ってない人は座りなさい…（誰も座らず）。じゃあ使っている人座りなさい…（全員座る）」

「実は、みなさんが考えているようなことをシャンプーをつくっている化粧品会社の人たちも考えているのです」

資料を配り、読む。


【M社】動物たちの生命はとても大切なものです。その生命の尊さに劣らない有意義な科学データを出すように心掛けています。人類の科学の進歩のために、動物を使わざるを得ない場合もあり、その動物のおかげで私たち人間は多くの恩恵に授かっております。動物実験を実施する研究者は絶えず動物の生命の重みを感じながら試験をしなくてはいけませんし、実験動物の苦痛削減、使用動物数を減らすことを常に念頭におき、実験を行っております。当社の対応について、ご理解のほどお願い申し上げます。

【K社】人体への安全性を担保することが第一と考えております。完成された代替法があれば積極的に取り入れて参ります。

【P社】今後も動物実験に代わり得る代替法研究を積極的に進めるとともに、社外で動物実験に代わりうる代替法が開発された際には、積極的に導入し、早期に代替法による安全性評価を実施する方針です。

【K社】商品において第一に消費者の安全性の確保が大事であると考えています。実用に足る代替法であれば、積極的に利用していく方針です。今後も代替法開発に前向きに取り組んで参ります。

2 私たちの生活は、たくさんの動物の命の上に成り立っている

企業の資料を読み上げた後に問うた。

このような実験をしている化粧品メーカーを自分は許せますか。

「許せる」「許せない」を決めさせた。

（許せない）二三人（許せる）一四人

理由を書かせた。

三分後討論を始めた。一部紹介する。

① 私は許せません。なぜなら、ウサギだって生命をもっているのだから、実験材料に使わないで、新しい方法を考えてから新製品を作るのに取り組んでほしいです。

② 私も許せないと思います。シャンプーはシャンプーハットやゴーグルのようなものをつけて使えばいいと思います。対策はまだまだあるのに命のある動物を使うのはひどいです。

③ ぼくは、許せないの方で、わざわざこんな実験をしなくても今あるシャンプーで別にいいと考えます。

④ 私は許せます。もし、シャンプーが使えなくなると自分の髪がだめになるし、許せないという人たちも、シャンプーを止められないと思います。動物はかわいそうだけど仕方ないと思います。

⑤ 私も許せます。化粧品メーカーの人もそれなりに動物の生命の大切さを考え対策も研究しているからです。

⑥ ぼくも許せます。なぜなら、今もいっしょうけんめい努力して代わりの方法を探しているんだから、

許せないという人は知恵を貸してやればいいんじゃないですか。

⑦ Aさんに言いたいことがあって、使えないと自分の髪がだめになるといったけど、今の人たちはシャンプーを使っていたらキューティクルがだめになるというのをテレビ番組で見たことがあります。自分の髪をだめにしたくないのならシャンプーを使うべきではないと思います。

⑧ あなたは、それで我慢できるんですか。それと、さっき他にも対応策があると言ったけど、そりゃ僕だって他に対応策があって動物実験をしなくてすむのならそちらがいいですけど、まだ対応策がないのだからどうしようもないと思います。

⑨ それと、許せないといった人は、多分それが使われているのがウサギだから許せないといっているのであって、なんか見たくもないような生き物が使われるのなら許せるというような気がします。

⑩ やっぱり人間の生活を考えたらぼくは許せると思います。実験しないでシャンプーを使ったら人間に害があるし、使わなければ髪が臭くなるからです。

⑪ Y君に言いたいことがあって、ウサギとかをこんなにいっぱい使って絶滅したらどうするのですか。

⑫ 他の動物がいると思います。

⑬ 他の動物を代わりに使うというのは間違っています。僕たちは、ウシやブタなども食べています。その上、こんなことで動物を殺して、僕たちはどんどん動物を絶滅させているのですよ。

⑭ ウサギは絶滅しないとちゃんと資料には書いてあります。それと、さっきも言ったけど、これはやっぱり、ウサギだから、かわいいから反対するのであって他の動物なら言わないかもしれません。

⑮ ほかに対応策がないのにどうすればいいんですか。許せないといった人は、教えてください。

⑯ さっきT君がちょっと言ったけど、ウサギがかわいそうだと言っているけど、もしシャンプーを今か

ら使えないということになったらどうするか、はっきり言える人はいるんですか。考えを聞かせてください。

⑰ちょっと話を変えてもいいですか。（いいです。）許せるという人にちょっと反論があるんだけど、先生がくれたプリントに書いてあるんだけど、「動物実験によって安全とされながら、後に事故が起こり人体や環境への危険性が明らかになった化学物質がたくさんあります。現在では、農薬や食品添加物などの多くの化学物質が、自然や人間に悪い影響をもたらしていることを誰でも知っています」と書いているので、許せると考えた人は、これについてどう思いますか。

⑱僕は、だからと言って動物を使わなければもっと大変なことになると思います。

⑲というか、人間はそれを承知でこんなことしているんじゃないですか。

⑳F君に言いたいことがあって、どんな大変なことが起きるんですか。

㉑それは、分かんないんです。

㉒ちょっと、さっきK君が言ったことに反論があって、K君は許せないといったけど、そういうのを止めさせるために知恵を貸してあげられるんですか。

㉓僕たちは、知恵を貸せはしないんだけど、そう思うんです。

㉔でも、そう思っても他の策がなければ説得力がありません。

㉕って言うか、許せるっていうのも、また、変な言い方になるんだけど、さっきK君が言ったそれを使ってどうこうなるって言うのは、他のところで解決策を考えていくということにして、僕たちも、代替法があるのに「お金がかかるから」という理由でこうやって動物実験を行っているのなら許せないけど、この場合は、まだ代替法が見つかっていないから仕方なくやっているんだからまだ、許せないとは

言い切れないと考えます。許せないという人は、シャンプーを使わないといえるんですか。

㉖　ぼくは、最初当然「許せない」にするはずだったんだけど、T君の意見によってまだ代替法が見つかっていないことがハッキリしたので許せる方にいったけど、もしも資料に決定的な代替法が載っているのなら教えてください。（以下続く）

討論を止めて、次のように話した。

みんなは、ウシやブタや魚の肉を食べていますよね。それだって、動物の命を奪っているんです。動物に命をいただいているのです。この実験だって、私たちはウサギの大切な命をいただいて身の回りの清潔を保っているのです。先生は、今日の道徳で、今日の討論で、みんなに『私たちの生活は、たくさんの動物の命の上に成り立っている』ということに気付いて欲しかったのです。許せる派の人も許せない派の人もそれぞれの立場で、いろんな考えを出し、それぞれの角度からそれについて考えてくれたと思います。私たちは、目にふれる動物だけをかわいがるのが動物愛護だと考えがちです。が、このような私たちの犠牲になっている動物たちがいることもしっかり覚えておくことが大切です。授業の感想を書きなさい。

子どもたちは本当に真剣に討論をした。

この日は、授業参観に数名の教師が来ていたが、子どもたちはほとんど意識することなく論争を展開していた。その証拠に、授業の感想に先生方が来られたことを書いている子は一人もいなかった。

感想を紹介する。

◆私は、どちらとも何も言えないと思います。自分たちは、ウシや鳥などを食べています。私は今までそのようなことをあまり考えてもみなかったけど、今日の勉強で生き物の命は大切だということを今までよりももっと知ることができました。私たちが健康で元気に暮らしていることを、実験に使われている動物たちに私たちは感謝しないといけません。

◆私はやっぱり命のある動物を実験に使うのは許せない。だけどみんなの意見を聞いて迷った。私たちが食べている肉も動物で、魚も食べている。実験で使う動物がかわいそうと思ったけど、私が動物を食べているのも一緒だから、許せるという意見にも納得できる。だけど、人間といっしょで命のある動物を実験に使って殺すのはよくないと思う。代替法を早く考えて、動物実験を止めて欲しい。

◆許せるという人の意見ももっともだ。確かにシャンプーを使わないのはいやだ。でも、そのために動物が実験に使われるのはひどい。私たちの安全性のために仕方のないことというのは分かる気もする。しかし、代替法が少しでもあるなら、それを一〇〇%使えるようにもっと研究して欲しい。今日は一回しか発言できなかった。もっといろいろ言いたいことはあったのに…。

◆私ははじめはかわいそうと思っていました。でも化粧品メーカーの人だって好きでやっているわけじゃないんだから、仕方ないと思います。やっぱり動物は本当にかわいそうだと思うけど私たちのために命を失ってくれているのだから感謝しないといけないと思っています。

◆あまりにも残酷な話だった。やはり人間の安全性も大事だけど人間の薬品安全性実験のために犠牲になる動物たちは、かわいそう。動物を使わない実験を早く考え出してそっちにしてほしい。それに、ウサギだからかわいそうという考えじゃなく、何の生き物でも命を取るのはいけないと思った。

V.

歴史の歩み・先人の知恵から学ぶ「いのち」の大切さ

1 「無私」が救った多くの「いのち」

第二次世界大戦中、自分の保身・生命の危険も省みず、多くのユダヤ人の命を救った日本人がいる。外交官「杉原千畝」である。

彼の生き様は、「命の尊さ」を教える上で、子どもたちに必ず考えさせたい。

道徳授業 外交官・杉原千畝

1 強制収容所の恐怖

次の音声を流す。

> その街に近づくと、最初ににおいがしてきました。すごく静かでした。近づくにつれ、この街の人たちに何が起こったのか、分かってきたのです。

「何のにおいだと思いますか」

「ごみ」「焼けるにおい」など出てくる。
今度は、映像と一緒に流す。

その街に近づくと、最初ににおいがしてきました。人間のにおいだってことはすぐに分かりました。恐ろしいことがおこったんだとすぐぎづきました。すごく静かでした。近づくにつれ、この街の人たちに何が起こったのか、分かってきたのです。

戦争終了後、アウシュヴィッツ強制収容所に入っていったアメリカ兵の回想である。

今から六十年前、ドイツでヒトラーが政権を取りました。日本でいえば、総理大臣のようなものになったのです。ヒトラーは次のようなことを考えました。「世界中で最も優秀なのはゲルマン民族だ。ドイツが優秀な国になるためには、我々だけの国を作らなければならない。しかし、ドイツ国内にはあの忌々しいユダヤ人がたくさんいる。ユダヤ人は、邪魔だ。ドイツから追い出すべきだ」。当時ドイツには「ユダヤ人は邪悪で危険な人種である」という根も葉もない言い伝えがありました。ヒトラーはそれを利用してたくさんのユダヤ人を国内から追放し始めました。しかし、ヒトラーはそれだけで満足できなくなりました。「忌々しいユダヤ人め。追放なんてなまぬるい。この世からユダヤ人を絶滅させてしまえ」。こんな恐ろしいことを考えたヒトラーは、本当に実行してしまったのです。

「ユダヤ人狩り」「強制収容所」の映像を流す。

次々にユダヤ人を捕まえました。国内だけでなく隣の国にまで捕まえに行きました。捕まえられたユダヤ人は、強制収容所に入れられました。そして毒ガスで殺されたのです。第二次世界大戦でドイツが負けるまでの十二年間、約六百万人のユダヤ人が殺されました。

2　助けを求める人々

もちろん、当時もヒトラーは間違っていると考えた人もいました。ユダヤ人を助けたいと考えた人もいました。しかし、それを口に出したり、助けようとしたりすることは危険なことでした。そんなことをすれば、自分まで殺されてしまうかもしれないのです。

しかし、そんな危険な状況の中で、ユダヤ人を助けた人もいました。その中に日本人もいたのです。

続いて、戦時中のユダヤ人がされてきた仕打ちをまとめた映像を流す。
次のナレーションで始まる映像を流す。

第二次世界大戦のさなか、バルト海に面するリトアニアという小さな国のできごとです。
一九四〇（昭和十五）年七月二十七日の朝のことです。首都カウナスにある日本領事館の回りをびっしりと人の群れが埋めつくしました。ポーランドから助けを求めてやってきたユダヤ人です。人々は、訴えるような血走った目をしていました。祈るように手を合わせている女の人もたくさんいました。

その頃、ポーランドでは「ユダヤ人狩り」が始まっていました。ユダヤ教の教会は焼かれ、ユダヤ人というだけでナチス・ドイツの手によって多くの人が男女・子どもの区別なく捕まえられていたのです。捕まえられたユダヤ人はアウシュヴィッツなどの収容所に送られて残虐な方法で殺されていました。

ポーランドを命からがら逃げ出し、領事館にやってきたユダヤ人たちはビザ（日本への入国許可証）の発行を求めていました。ビザがあれば日本を通ってアメリカなどの国へ逃げのびることができます。助かる方法はこれしかありませんでした。

3　決断

杉原をテーマとした再現ビデオを入手した。授業は、ビデオの編集映像で組み立てられている。杉原が、ユダヤ人にふれビザを描くまでの苦悩と決断、そして努力がリアルに再現されている。授業は、次の映像へと進む。

領事館の窓からは外交官・杉原千畝が助けを求める数百人のユダヤ人を見ていました。ビザを発行できるのは杉原ただ一人でした。しかし、外務省の許可がなければビザは発行できません。当時日本はナチス・ドイツと日独防共協定を結んでいました。日本領事館がユダヤ人にビザを発行すれば、ドイツから敵と見なされてしまいます。ゲシュタポに命を奪われるかもしれない危険なことだったのです。また、ソ連からの要求で八月いっぱいには領事館を立ち退くことになっていました。様々な理由からビザの発行は困難な状況でした。しかし、領事館に詰めかけた人々の祈るような顔を見ると胸が締めつけられます。

一晩中悩んだ杉原は、意を決して日本の外務省に「ユダヤ人がビザの発行を求めてやってきている。追いつめられた彼らを何とか助けてやりたい」という電報を打ちました。ところが、やっと来た返事は「否」だけでした。今度は、緊迫したユダヤ人の様子も加えて電報を打ちました。しかし、今度も返事は「否」です。祈りを込めて三度目の電報を打ちました。しかし、返事は「大量の外国人が日本国内を通ると大変危険である。ビザの発行は絶対にならぬ」でした。三度目の返信を読んだ杉原は心を決めました。そして、妻の幸子に言いました。

「幸子、私は外務省に背いて、領事の権限でビザを出すことにする。いいだろう?」「あとで、私たちはどうなるか分かりませんけれど、そうしてあげて下さい」「大丈夫だよ。ナチスに問題にされるとしても、家族にまでは手は出さない」

杉原は外務省を辞めさせられることも覚悟していました。彼は、念を押すようにもう一度言いました。

「ここに百人の人がいたとしても、私たちのようにユダヤ人を助けようとは、考えないだろうね。それでも私たちはやろうか」

4　決死のビザ発行

七月三十一日の早朝、杉原は表に出ました。数百人のユダヤ人が領事館を取り巻いています。その群衆に杉原は告げました。

「ビザを発行します」

一瞬の沈黙……、そして、大きなどよめき。天に向かって手を広げ感謝の祈りを捧げる人、子どもを抱き上げて喜びを押さえ切れない母親。心の底からの喜びが伝わってきました。朝九時から夕方遅くまで、杉原は昼食も取らずにビザを書き続けました。翌日も翌々日も、杉原はひたすら机に向かいました。できるだけ多くの人を救うために外務省への報告もやめ無料で手続きをしました。睡眠不足で目は充血し、痩せて顔つきまで変わりました。ソ連からの「領事館退去命令」を無視し、杉原はビザを発行し続けました。

5　最後の最後まで書き続けたビザ

杉原が昼夜を問わずビザを発行している再現ビデオを流す。

そして、次のことを話す。

八月二十八日までの二十九日間、およそ六千通のビザを発行したとき、ソ連から強硬な退去命令がきました。外務省からも「至急退去せよ」の電報が届きました。これ以上カウナスにいることは、死を意味しました。

次のように話す。

「リトアニアを離れる日、カウナス駅の様子です」

カウナス駅での再現映像を流す。

杉原はリトアニア退去の汽車に乗り込みました。駅には、助けを求めてユダヤ人が来ていました。睡眠不足と疲れで倒れる寸前だった杉原は汽車が走り出すまで、窓から身を乗り出してビザを書き続けました。汽車が走り出し、もう書くことができなくなりました。「許して下さい、私にはもう書けない。みなさんのご無事を祈っています」

ぼろぼろの体からこれだけ絞り出すと、ホームに立つユダヤ人たちに深々と頭を下げました。

「スギハァラ。私たちはあなたを忘れません。もう一度あなたにお会いしますよ」

列車と並んで泣きながら走ってきた人が、姿が見えなくなるまで何度も叫び続けていました。

杉原は黙って目を閉じていました。なすべきことは終わったのです。

「感想を書きなさい」

数名に発表させる。

○ぼろぼろになるまで、ビザを書き続けた杉原さんはすごい。

○汽車が走り出すまでビザを書き続けた杉原さんはすごい。

○杉原さんにビザをもらったユダヤ人たちは、心の底から感謝してるだろう。

6 冷たい処分

第二次世界大戦が終わり、昭和二十二年四月初め。杉原は十年ぶりに日本に帰ってきました。日本に帰って三か月ほどした時、外務省から呼び出されました。外務省から帰ってきた杉原の顔は暗く、沈んでいました。心配した妻の幸子がたずねました。

「何かあったのですか?」

「ああ、『例の件で責任を問われている。君の居場所はもうないのです。辞めて下さい』と言われた」

杉原はぽつりと言うと黙り込んでしまいました。ユダヤ人を助けた時から、覚悟はしていました。しかし、彼は外務省のために全力で働いてきたのです。

やはりそれは辛いことでした。それでも杉原は一言の弁解もせずに引き下がってきたのです。また、外務省の中には「杉原はユダヤ人に金をもらってやったのだから、金には困らないだろう」という根も葉もない陰口を言う人もいました。杉原の悔しさはどれほどだったでしょう。しかし、杉原はその思いを自分の胸の内にしまいこんで、抗議一つ口にはしませんでした。生活は苦しくなりました。五十歳を過ぎていた杉原は、家族のために仕事を探し懸命に働きました。

杉原のリトアニアでの話は誰からも知られることなく時は過ぎて行きました。

「感想を書きなさい」

発表させる。
○自分のことを考えずにビザを発行し続けた杉原さんはすごい。
○こんなにすごいことをした人なのに、仕事を首になるなんて、信じられない。
○「杉原はユダヤ人に金をもらってやったのだから、金には困らないだろう」なんて悪口いう大人がいるなんて許せない。

7　いのちの恩人「スギハラ」

「お話には続きがあります」と言いながら、次の画面を提示する。


それから二十数年。一人のユダヤ人ニシユリ氏が杉原を訪ねて来ました。彼は杉原に一枚の紙を見せて、

「これを覚えていますか?」

と聞きました。その手には、かつて杉原が書いたビザが握られていました。ボロボロになっても、大切に持っていたのだそうです。

ビザをもらい無事脱出したユダヤ人たちは、戦後、ずっと杉原を探し続けていたそうです。杉原はあの時のユダヤ人が目の前に現れ、自分の行為が無駄ではなかったことを知ったときに、初めてこれまでの苦労が報われた思いがしました。

七十五歳まで働き続けた杉原は、昭和六十一年七月三十一日、深い眠りのまま天国へと旅立って行きました。

杉原の死後、妻幸子は、アメリカやイスラエルなどの国々から招待を受けました。幸子は、何百人ものユダヤ人から迎えられました。誰もが当時のビザを宝物のように大切に持っていました。ビザにはなつかしい夫の字がならんでいました。急いで書いているのでますますゆがんで見えました。同じ人間が書いたと思えないほど字が崩れていました。腕が痛くて動かなくなりながら書いていた夫の苦しみが伝わってくるようです。たくさんの人々が幸子の手を握りしめ涙ぐんで出会いを喜んでくれました。

【参考文献】『六千人の命のビザ』杉原幸子著（大正出版）

最後に感想を書かせる。

○杉原さんの行為が報われてよかった。

○杉原さんのような日本人がいることを知ってとっても誇りに思う。

「無私」は、日本人の美徳である。

「力のある授業づくり」の原則

「力のある授業」づくりには原則がある。

【力のある資料を作る】

① 素材を発掘する。

②　素材をトリミングする。
③　素材をつなぐ。
④　素材を整える。→（授業で使う「資料」）
⑤　資料を分割する。

道徳授業にとって、資料は生命線である。であるにもかかわらず、重視していない授業が結構ある。資料でなく、素材のまま使用している授業が素材である。素材＝資料の場合もあるが、まれである。ほとんどの素材は、ねらいに沿って加工されなければ使えない。それは、読み物資料に限らない。動画しかり、画像しかりである。

【力のある授業を組み立てる】

①　「一番伝えたいこと」を決める。
②　「一番伝えたい資料」を決める。
※①②は、順番が変わることもある。
③　資料を読むために、子どもに不足している情報を想定する。
④　③の情報を集める。
⑤　④を効果（率）的に伝えるユニットを作る。
⑥　メイン資料を聞かせるユニットを作る。
⑦　「一番伝えたいこと」に関する発問を作る。

⑧　⑤⑥⑦の配列を考える。
⑨　問い・指示・発問でつなぐ。
⑩　授業最初の3分間（つかみ）のユニットを作る。

道徳授業の組み立ては、資料の力を引き出す演出と考えればよい。「どうすれば、資料が感動的に伝わるか」を考えながら授業をつくれば、おのずと組み立てはできてくる。

【授業サイトを作る】
①　画面が必要なユニットを洗い出す。
②　必要な材料（画像・動画・図…）を集める。
③　必然性のある演出をする（動けばいいってもんじゃない）。
④　「見たくなる」仕かけをする。
⑤　資料を効果的に読ませる（聞かせる）演出をする。

パソコンで作成した授業サイトをＷｅｂワークと呼ぶ。Ｗｅｂワークに沿った道徳授業は非常にドラマチックである。より強烈に生き方を伝えることができる。

【語りを演出する】
①　子どもに伝えたいフレーズを抽出する。

② ①からさらに伝えたい単語を抽出する。
③ 緩急をつける（「テンポよく」「ゆったり」「間をおく」「強く読む」などを抽出する）。
④ パソコン画面に向かって、語る練習をする。微修正をする（最低ラインは百回）。

2 「いのち」を守るルール、世界の法律の起源から学ぶ

新学習指導要領解説にある重点指導事項「法やルールの意義やそれらを遵守する」ことを子どもたちに教えたい。

そのためには、自分自身が法律についてしっかり知っていなければならない。

まずは、法律の起源について調べた。

1　法律の歴史を研究するのは

法律の歴史を研究している学問は、法制史という。

法律学と歴史学の両面を研究する学問である。

本屋で、本を探す場合は「法律学」のカテゴリーにふりわけられている。歴史学を探してもなかなかいき当たらない。

あらゆる生き物の中で、人間だけがもっているのが法律である。

法律とは、簡単に言うと明文化されたルールのことだ。ルールだけなら、群れで生活する犬も猿も持っている。

2　世界初の明文法

明文化されていなければ法律とは言えない。

世界初の明文法は、ウルナンム法典（約四一〇〇年前）である。

ウルナンム法典は、ウル第三王朝で発布された法典である。

（ウル第三王朝）シュメールとアッカドを統一したアッカド王朝は、紀元前二二五〇年ころ蛮族グティ人によって支配されたが、紀元前二一一二年に、ウルクのウトゥヘガルがグティ人の支配からシュメールを解放した。その後まもなく、彼の将軍ウルナンムがウル第三王朝を興した。ウルナンムは、「ウルナンム法典」の発布などの社会改革を行ったほか、シュメール全土で諸公共建造物の建設を行い、「正しき牧者」と称された。約一七年間のウルナンムの治世のあいだ、ウルの港は交易船でにぎわい繁栄した。数々の善行にもかかわらず、ウルナンム王の最後は戦死であった。ウル第三王朝の最後は、東方からはエラム人、シリア方面からはアムル人（セム系遊牧民）の侵略を受けて、紀元前二〇〇六年に滅亡した。

ハンムラビ法典と同様に楔形文字法典である。

楔形文字で粘土に記録されている。

世界第二番目が、有名なハンムラビ法典だ。

ウルナンム法典は、ハンムラビ法典よりも三〇〇年くらい早く作られている。

この法典は、アッカド支配後の新シュメール（ウル第三王朝）時代に制定されたものであり、ハンムラビ法典は「目には目を」の「同害復讐法」であるのに対して「賠償」に重きを置いている。現在の日本の民法に近い感じがする。ただし、強盗や命に関わる傷害に対しては、やられたこと以上のことをやり返すようだ。

ハンムラビ法典は、やった分だけやりかえすが、ウルナンム法典は、やったこと以上にひどい目にあわせることもある。

【殺人】
第一条：もし人がほかの人の頭に武器を打ち下ろしたならば、その人は殺されなければならない。

【暴行】
第二条：もし人が強盗を働いたならば、殺されるべきである。

【傷害一】
第一八条：もし［人が（不明）でほかの人］の足を傷つけたならば、彼は銀一〇ギンを支払うべきである。

【傷害二】
第一九条：もし人が棍棒でほかの人の［不明］骨を砕いたならば、彼は銀一マナを支払うべきである。

【傷害三】
第二〇条：もし人が（不明）ほかの人の鼻を傷つけたならば、彼は銀三分の二マナを支払うべきである。

【傷害四】
第二一条：もし［人が（不明）］で［ほかの人の（不明）］を傷つけたならば、彼は銀…マナを支払うべきである。

【傷害五】

第二二二条：もし［人が（不明）］で［ほかの人の］歯を叩いたならば、彼は銀二ギンを支払うべきである。

第二二三条（欠損）

第二二七条（欠損）

【偽証二】

第二二八条：男が（訴訟における）目撃者として現れて、偽証者であることが分かったならば、彼は銀一五シェケルを支払わなければならない。【農夫、小作人の責任】

第三〇条～三二条（他人の畑を水浸しにした場合の賠償について等）

［　］は欠損箇所で、［　］内の語は訳者が補っている。

一ギンは約八・三g、一マナは約五〇〇g

3　法律の起源について

紀元前一八世紀のメソポタミア―バビロニア王国では、征服した多民族を統合支配するためにハンムラビ法典がつくられた。

ハンムラビ法典は民族支配のために作られた法律である。

法律とは、集団がまとまるためのルールという意味だけでなく、支配のために必要だという面があることが分かる。

他民族を支配する、同じ民族の中で支配者層が民衆を支配するなど、支配の方法は異なるが、支配者にとって都合よくするために法律を定めるということは多々ある。

特に、「支配者が集団を統率するために、活用されるシステム」という法律の一面は、時代を追うごとに重要性を増していくことになる。

ハンムラビ法律は、とりわけ刑法において「目には目を、歯には歯を」の復讐法の原則と、身分によって異なった刑罰を課す身分原理に立っている。

例えば、

「人がアウィルムの子の目を潰したときには彼の目を潰す。ムシュケヌムの目を潰したときには銀一マヌを払う。他人の奴隷の目を潰したときには、奴隷の価の半額を支払う」

あきらかに支配者にとって都合がよいルールになっている。

4　法律学が誕生して初めて法律が意識されるようになった

ウルナンム法典もハンムラビ法典も、ただ単に、仕返しの方法を明文化しているだけで、これを法律と言ってよいのかという考え方もある。

この時代には法学＝法律の解釈というものはまだ存在していない。

だから、法学者というものも存在しない。

では、法学＝法律の解釈というものが生まれ、法学者が誕生するのはいつか。

古代共和制ローマからである。

古代共和制ローマでは、法務官が法律を適用する時に、法律学者にその適用が間違いないか許可を得てから適用することになっている。

法律に解釈が必要で、その解釈を研究する法学者が存在している。

共和制ローマでは、貴族と平民との間で身分闘争が激しかった。貴族のみが政治に参加し、平民は締め出されていたが、平民は（奴隷ではない）自立的な農民で、平民の上層は重装歩兵として戦争にも参加したから、不満をもった。平民は貴族に身分闘争を起こし、貴族は国防上の必要からも譲歩せざるを得なかった。徐々にいくつかの法が定められ、やがて、ほとんどの政務官職が平民に開放され、国家の正式な議決機関でなかった平民会の決議が国法となることが定められたのだ。


古代バビロニアのハンムラビ法典のように、誰が支配者で誰が被支配者かという力の序列原理を明文化したのが法律の起源である。

序列原理が強力なときは、法律の数も少なくても、法学者がいなくても国家を支配できる。だから、バビロニアには法学者はいなくてもよかった。

序列原理が衰弱するにしたがって、利害対立を調整するために、法律の数が増え複雑化し、法学者が必要になる。

だから現在は、法律が複雑化しすぎて、素人では解釈ができないから弁護士がやたらたくさんいる状態になっている。

圧倒的な統率者がいる集団に法律はほとんど必要ない。

序列原理が明確だからだ。

統率者に力がない集団には、法律が必要だ。明文化した法律がなければ、力の序列原理を明確にできず、統率できなかからだ。

圧倒的な統率者がいる集団には、法律は必要ないと書いた。しかし、実は、必要なのである。なぜか。

将来のことを考えた場合、かならず明文化されたルールが必要になってくる時がくる。

圧倒的統率者がいなくなったときのためである。

仏教も、仏陀が生きている時には、教典というものが必要なかった。

しかし、仏陀が現世にいなくなって、多くの法典がつくられるようになった。

これも、力の序列と法律の関係と同じように思う。

3　先人が大切にしてきた「森のいのち」

国際日本文化研究センターの安田喜憲《やすだよしのり》氏は次のように言う。

地球環境の危機に直面し、人口爆発の中で出口のない閉塞状態に陥っている現代。私たちがこれまで文明という名のもとにあこがれてきたのは、自然を支配し、破壊し、人間を搾取する巨大な階級支配の構造に立脚した文明であった。地球上にはもう一つ忘れ去られた文明があった。それが「森の文明」である。その文明は、以下に立脚したものである。

①生きとし生けるものの命にひそかな畏敬の念を感じる。
②自然と人間の共生と循環系が維持される。
③人間同士にも階級支配のない平等主義である。

本授業では、森の神とされた「蛇」をキーワードとして組み立てる。
蔵田紀子氏が実施した授業を紹介する。

道徳授業　日本人にとっての蛇

1　日本人にとっての蛇

人間にとって蛇はどのような存在でしょう。

数匹の蛇の画像を提示しながら、感想を聞いた。
○気持ち悪い。
○近くにいてほしくない。
○何か恐ろしい感じがする。
どれも、蛇を忌み嫌うような感想が出された。

古代の人にとっては、蛇はどのような存在だったのでしょうか。

古代の日本人が使っていた物をいくつか提示する。

「この中に蛇がいます。どこにいますか。なぜ、蛇を用いたのでしょうか。」と、それぞれの物に同様の発問をした。

（縄文土器の提示）①

「この土器の口の部分には、蛇の飾りがついています。また、この縄目が、蛇そのものの文様を表して

①

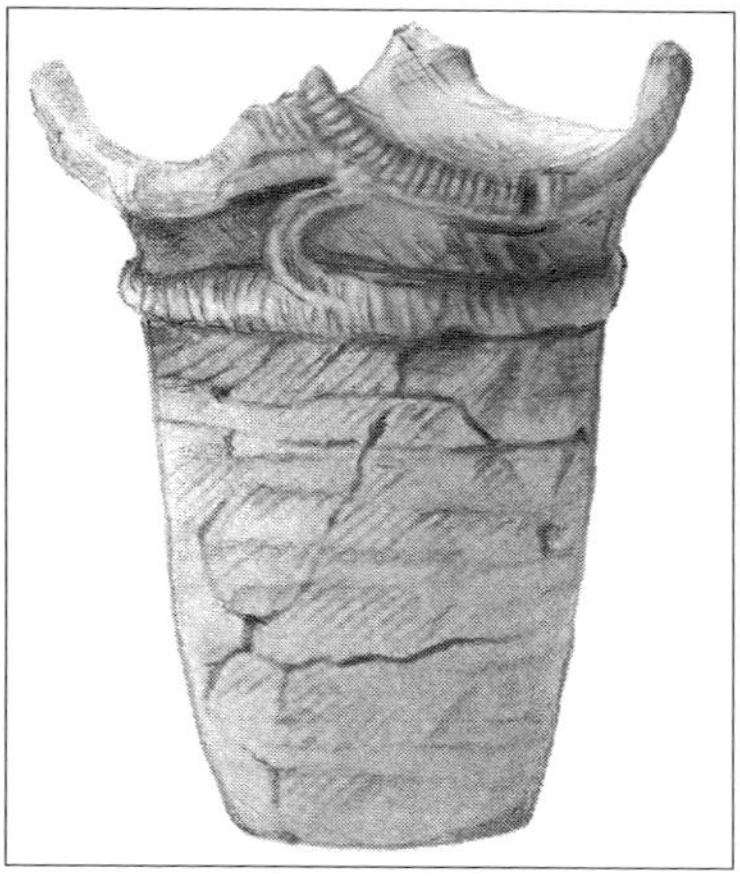

②

③

いるのです」

「蛇のその生命力から、土器の中にある食べ物の恩恵にあやかろうとしていたのです」

（竪穴式住居の提示）②

「竪穴式住居は、円錐のような形をしています。それは蛇がとぐろを巻いたように見立てられていました」

「住居の形を、神の使いとされていた蛇の形にすることで、神様が家に宿り守ってくれるという意味をもたせていたのです」

（前方後円墳の提示）③

「前方後円墳の前方は、蛇の頭を表しています。また後方は、

④

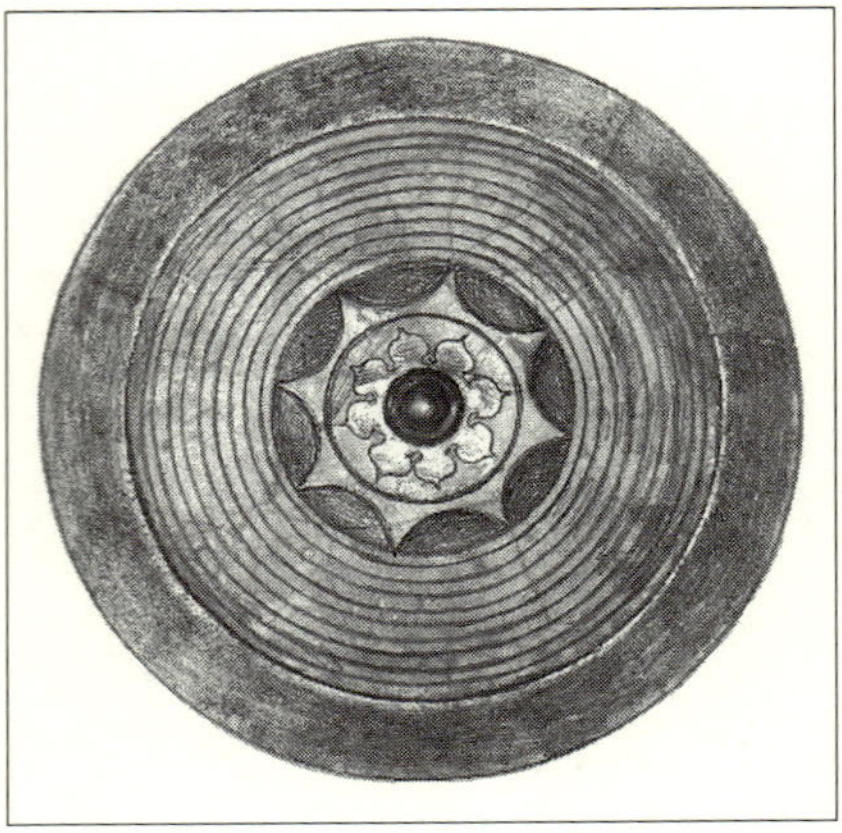

尾を表しているのです」

「死んだ人が成仏できるように、神の使いである蛇の形を古墳にしたのです」

（鏡の提示）④

「鏡の円形は、蛇がとぐろを巻いた形を表しています。また、昔は蛇のことを「かが」といい、「蛇（かが）身（み）」と言って、蛇の身そのものとしていました。

「古墳の中に鏡も一緒に入れてあるように、神聖な物としてあがめていました」

現代にも、蛇をかたどったものがあります。何でしょう。

（注連縄飾りの提示）

「注連飾りです。どこにいますか。これは２匹の蛇の交尾を表しています。蛇の交尾は二六時間にもわたり、強い生命力があります」

「まだあります。ヒントはお正月」

（鏡もちの提示）

「鏡もちです。一年の初めに蛇の神様に健康を祈ったんです」


人間にとって蛇はどのような存在ですか。書きなさい。

○蛇は昔の日本人にとって、なくてはならない存在です。
○蛇を守り神のようにして、身近な存在としています。
○神聖なものとしてあがめる存在でした。

2　日本人にとっての蛇の価値づけ

古代の日本人が、蛇をどのように考えていたかを価値づける。

「蛇は脱皮を繰り返します。それによって生命を再生することができます。また毒を持って相手を一撃することから、人間の力を超えた存在とされていました。そのため、生命を再生するということと、生命の激しさとに、古代の人は蛇を神と捉えていたのです」

「人々は昔から蛇をかたどるだけでなく、蛇そのものも大切にしてきました。蛇を大切にするということは、何をどうするということですか。ヒントは蛇の住んでいるところです」

「森を守ってきたのです。日本人は昔から様々な方法で森を守り育ててきました。蛇を大切にしてきたのは、日本だけではありませんでした。世界中で大切にされてきました」

3 外国人にとっての蛇

（メドゥーサの提示）

「例えばこれは、蛇の神様です。名前が言える人。メドゥーサと言えば何ですか」

「優しそうな顔をしていますね。メドゥーサは昔、神様だったのです。しかしある時、化け物にされてしまったのです。化け物にしてしまったのは何でしょう。化け物にしたのは西洋のある宗教なのです。人間中心主義のその宗教は、生活を豊かにするために次々と森を切り開いていきました。森の中には、蛇などの自分たちに害をなす生き物がたくさんいました。その西洋の宗教の信者たちは、その害をなす生き物たちを追い出し、その生き物たちの主であったメドゥーサを化け物として、封印してしまったのです」


外国の人にとって蛇はどのような存在ですか。

○人間にとって必要のないものです。
○害をなす、怖い生き物です。
「日本の国土の七割は森です。しかし蛇を封印した国はこのようになりました」

（ハゲ山と化した情景を提示）

蛇を大切にした日本人とは、どのような民族でしょうか。

○蛇だけでなく、自然を大切にしていた民族です。
○蛇のような生き物を守るだけでなく、人間以外の全てのものに命があると考える優しい民族です。
「日本は、昔から森を大切にしてきました。日本人が森を育ててきた方法が世界の砂漠化を防いでくれるかもしれません。世界の砂漠化にはどめをかけられるのは日本しかないのかも知れません。どのようにして日本人が森を大切にしてきたのか調べていきましょう」

VII

地球に生まれた「いのち」

1 社会科とリンクして教える生命誕生

社会科の実践として学級通信に掲載したものである。

この実践をもとに、「命の誕生」、「性別の分化」について教える授業を組み立てる。

1　地球の歴史と人類の歴史

いよいよ六年生で歴史学習が始まります。

子どもたちは、興味津々です。

小学校の歴史は、主に日本史を学習します。

教科書は、三内丸山遺跡（青森県）の縄文のむらのくらしから始まります。

河田学級は、教科書突入前に、もっと壮大な歴史からスタートしました。

題して「地球の歴史と人類の歴史！」

ノートを開き、カレンダーをかきました。そして、次のように言いました。

「地球カレンダーです」

「地球誕生が一月一日〇時〇分〇秒」

「現在が、次の年の一月一日〇時〇分〇秒」

現在のような人間は、何月くらいに登場したのでしょうか。

ノートにカレンダーをかき、「人類誕生」と予想を書きました。

六月前後に予想が集中しました。

正解は、まだ告げません。

みんなのよく知っている恐竜が最も栄えたのは、何月でしょう。

三月を中心に予想が広がりました。

地球カレンダー

	予想人数		
地球誕生	人類誕生	恐竜活躍	生命誕生
1月			7
2月		3	5
3月	1	9	4
4月	5	4	3
5月	6	3	2
6月	8	2	
7月	1		
8月			
9月			
10月			
11月			
12月			
現在			

では、地球上に生命が誕生したのは、何月くらい？

一・二・三月が多数を占めました。

インターネットで「地球進化史カレンダー」というサイトを見つけました。

地球誕生から現在まで四六億年が三六五日に換算され、一日ごとの様子が絵と文で開設されているページです。

サイト作成者の膨大な作業に頭が下がりました。

子どもたちの予想からカレンダーを開いていきます。

カレンダーの日付をクリックすると、そのころの

1

日	月	火	水	木	金	土
	1	2	3	4	5	6
7	8	9	10	11	12	13
14	15	16	17	18	19	20
21	22	23	24	25	26	27
28	29	30	31			

2

日	月	火	水	木	金	土
				1	2	3
4	5	6	7	8	9	10
11	12	13	14	15	16	17
18	19	20	21	22	23	24
25	26	27	28			

3

日	月	火	水	木	金	土
				1	2	3
4	5	6	7	8	9	10
11	12	13	14	15	16	17
18	19	20	21	22	23	24
25	26	27	28	29	30	31

4

日	月	火	水	木	金	土
1	2	3	4	5	6	7
8	9	10	11	12	13	14
15	16	17	18	19	20	21
22	23	24	25	26	27	28
29	30					

5

日	月	火	水	木	金	土
		1	2	3	4	5
6	7	8	9	10	11	12
13	14	15	16	17	18	19
20	21	22	23	24	25	26
27	28	29	30	31		

6

日	月	火	水	木	金	土
					1	2
3	4	5	6	7	8	9
10	11	12	13	14	15	16
17	18	19	20	21	22	23
24	25	26	27	28	29	30

7

日	月	火	水	木	金	土
1	2	3	4	5	6	7
8	9	10	11	12	13	14
15	16	17	18	19	20	21
22	23	24	25	26	27	28
29	30	31				

8

日	月	火	水	木	金	土
			1	2	3	4
5	6	7	8	9	10	11
12	13	14	15	16	17	18
19	20	21	22	23	24	25
26	27	28	29	30	31	

9

日	月	火	水	木	金	土
						1
2	3	4	5	6	7	8
9	10	11	12	13	14	15
16	17	18	19	20	21	22
23	24	25	26	27	28	29
30						

10

日	月	火	水	木	金	土
	1	2	3	4	5	6
7	8	9	10	11	12	13
14	15	16	17	18	19	20
21	22	23	24	25	26	27
28	29	30	31			

11

日	月	火	水	木	金	土
				1	2	3
4	5	6	7	8	9	10
11	12	13	14	15	16	17
18	19	20	21	22	23	24
25	26	27	28	29	30	

12

日	月	火	水	木	金	土
						1
2	3	4	5	6	7	8
9	10	11	12	13	14	15
16	17	18	19	20	21	22
23	24	25	26	27	28	29
30	31					

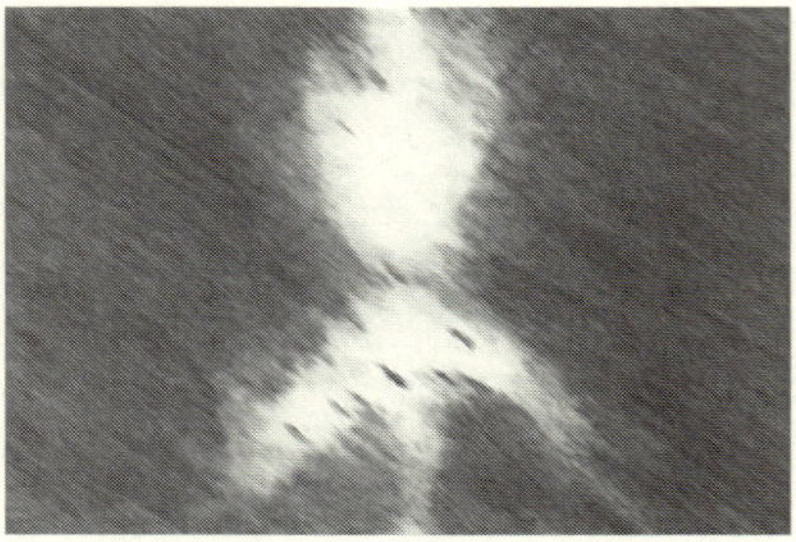

双極分子流

今から46億年前、太陽系はまだガスとチリの雲のカタマリにすぎず、地球や火星などの惑星は、まだ誕生していませんでした。しかし、ガスの中心にある生まれたばかりの太陽と、太陽の周辺は、すでに活発に活動していました。中心部に引き寄せられるガスやチリが加熱され、まぶしくかがやく高速のジェットになって、宇宙空間へ吹き上げられているのが見えます。

①

様子が絵で紹介されます。

例えば、一月一日をクリックすると、そのころの地球の様子の解説のページが開きます。（①）カレンダーを一日ずつクリックしていたら、見終わるまでに一日かかります。一時間で完結するよう、予想と対比しながら見ていきました。

2　生命誕生

まずは、人類の誕生から。

子どもたちの予想は、六月が最多でした。

六月一日をクリックしました。

暗幕で薄暗くなった教室。

子どもたちの眼は、スマートボードに集中します。

クリック。

「えっ?!」

「人おらんじゃん!!」

「これは、どこの絵ですか?」と私。

「海?!」と子どもたち。

六月一日の前の日五月三一日は、今から二七億年前になります。二七億年前の地球は、次の状態でした。（②）

光合成を行うシアノバクテリア（ラン藻）が登場し、コロニーを作って酸素の放出を始める

子どもたちには、次のように言いました。

「六月一日、海の中のバクテリア（微生物）が酸素を出し始めました。」

次のようにも言いました。

「恐竜の登場は、三月くらいが最も多かったのですが、六月に恐竜はいますか？」

「いない、いない」と子どもたち。

②

「生命がこの地球上に誕生したのは、いつでしょう。予想は一月が最多ですが」

別のサイトによると、地球上に生命らしきものが誕生したのは、三九億年前です。地球カレンダーで言えば、二月二五日です。

さらに進んで、バクテリアが登場するのが、三五億年前。地球カレンダー三月二九日です。

3　恐竜登場から絶滅まで

「恐竜は、いったいいつごろ登場するのでしょう」

「恐竜の祖先が登場するのは、今から三億年前です。地球カレンダーでは、一二月一三日です」

「最近じゃん」と子どもたち。恐竜絶滅までクリックを続けました。

子どもたちと恐竜の画面を数えました。

「一五日間！」

「恐竜は、地球上に登場して、一五日で絶滅しました」

「短かっ」と声が上がる。

「本当の時間に戻すと、恐竜が活躍した時代は、一億年です」

「え～、一億年！」

「一億年って、私たちには想像もできないくらいの長い時間ですね。でも、地球の歴史から見れば、わずかですね」

4　人類登場

「恐竜が登場し絶滅するまでの時間は、一億年でした。地球カレンダーでは、一五日間です」

今のヒトと同じ人類が地球上に登場するのは二〇万年前です。


地球カレンダーでは、何月だと思いますか。

さすがに子どもたちも予想の目途を立てていました。

全員が「一二月三一日」に手を挙げました。

少し変化させて聞きました。

人類が登場したのは、一二月三一日です。
では、一二月三一日のいつごろでしょう。

これは、再びバラつきました。
電卓があれば、計算した子がいたかもしれません。
「朝」……数名
「昼」……数名
「夜」……たくさん
「地球カレンダーを見てみましょう」
一二月三一日をクリックしました。
絵（想像図）は、出てきませんでした。
代わりに番組表がありました。
一二月三一日は、人類にとって、一日の出来事が膨大です。
一枚の絵にはとてもとても収まりきらなかったのでしょう。
一時間ごとに小刻みに紹介されているのです。
リンクされているところを一つ一つクリックしていきました。

③

④

火を使用する人類
火を手に入れた人類

150 万年以上昔のアフリカで、原人が火種を守っています。人類はようやく火を使うことを覚えたものの、まだ火を起こす技術はなく、野火や落雷によって得られた火を利用していたと思われます。このころから人類は、アフリカを出てほかの大陸へも広がっていきます。

⑤

午前四時：巨大ザメ時代。人類は登場していません。
午前中は、まだまだ人類以前です。
一四時：ルーシー・ショーが！
ルーシーといえば、現在の人類の祖先の名前です。
その化石は、アフリカで発見されました。
クリック！
ルーシーとは、人類の起源にあたる類人猿です。
授業では、取り上げていませんが、紹介します。
本題にもどります。

5　人類の歴史始まる

地球カレンダーの画面をクリックし続けました。

次の画面が現れました。

クリックを続けました。

右下の絵が出てきました。

集団生活を始めている人類です！

時間を見ました。

一二月三一日　二三時五九分

なんと！　年が変わる一分前。

子どもたちに告げました。

「みんながこれから勉強していくのは、ここからです。つまり、最後の一分」

「え～！」と子どもたち。


「地球の誕生」からアメーバのような生物が生まれるまでに、約一〇億年かかっているそうです。そして、生物が進化して人間になるまで三六億年ほどかかっているのだそうです。人間の歴史は、地球の歴史に比べれば、ほんの一瞬です。

でも、みんなはこの一瞬、地球カレンダーでいえば一分以内を勉強していくのです。

でも、時間は短くても、人間は進歩をし、たくさんのすばらしい歴史を作ってきました。みんなは、そのすばらしい進歩や歴史を勉強していくのです。

地球カレンダーと実際の時間を計算しました。

「授業の感想を書きなさい」

全員が発表しました。

○人類の歴史って、地球の歴史に比べたらたったの一分くらいしかないと知ってびっくりした。

○地球の歴史って気が遠くなるくらい長い事がわかった。それに比べて人間の歴史は、ほんの一瞬だ。

○人類の歴史は、地球の歴史からいえば、わずか一分以内だけど、その中で、いろんなものを発明し、歴史を作ってきた。人間ってすごい。

○たった一分の間に作った人間の歴史をこれから勉強していくのがとても楽しみ。

地球カレンダー	実年数	
1年	4,600,000,000	46億年
1月	383,333,333	3億8千万年
1日	12,777,778	1300万年
1時間	532,407	53万年
1分	8,873	8873年
1秒	48	148年

2 性別の分化をどこに入れ、どう問うか

1 授業に入れるべきことを調べ、整理する

授業に入れることを調べる。

書籍を購入したり、インターネットで調べたりし、ノートに箇条書きにしていく。

今回は、福岡伸一氏の『出来損ないの男たち』をメインに授業を組み立てる。

およそ次のことを入れたい。

①　原始的な生物が誕生した三九億年前、生物は、メス（単一で子孫を増やせる）のみだった。

②　生命が地球に誕生してから一〇億年間は、メスのみだった。

③　多くの数の子孫を残すには、メスのみでよい（分裂で増えるから）。

④　オスとメスが出会って、子孫を残すには、時間も手間もかかる。

⑤　では、オスがいるのは、なぜか。

⑥　オスがいることで、様々な性質（遺伝的な特質）の子孫ができる。

⑦　様々な性質の個体がいることで、環境が変わっても生き残るものができる。

⑧　生物は、多様でなければ環境の変化に耐えられない。

2 授業の「ねらい」を考える

この授業のねらいを短く言う。

道徳授業に限らず、授業の「ねらい」がぶれないようにしたい。
調べれば調べるほど、授業に入れたいことが増えてくる。
得た情報を「削る」作業が必要だ。
削って、削って残ったエッセンスが、「ねらい」だ。

人種、性別、肌の色など、色々な人がいてよい。
違っているからこそ、私たちは、長い間生き延び、発展してきた。

そのことを教える。それが、この授業のねらいである。

3　調べたことを翻訳する

調べたことをそのまま羅列しては、子どもたちに伝わらない。
子どもたちにわかりやすい言葉に直す。
そのことを授業への翻訳作業という。

① 原始的な生物が誕生した三九億年前、生物は、メス（単一で子孫を増やせる）のみだった。
② 生命が地球に誕生してから一〇億年間は、メスのみだった。

翻訳作業を通すと、

「今から、三九億年前、地球に命が生まれました」

「海の中で生まれました」

「目や鼻はありません。自分で動くこともできません。海の中を漂っていました」

「自分で子孫を残すことはできました」

「どのように残したのでしょうか」


となる。

③　多くの数の子孫を残すには、メスのみでよい（分裂で増えるから）。
翻訳する。


「命は、「分裂」という方法で、子孫の数を増やしていきました」

「二つの命は、二つに。二つの命は、四つに分かれ、段々と数を増やしていきました」

「自分で、子孫を残せるので、女、メスと言えますね」

「図を見て、わかったこと、気づいたこと、思ったことを言いなさい」
・数が、どんどん増えていきます。
・同じものがどんどん増えます。
「このころの命は、ものすごい速さで、数を増やすことができました」

「増えた子孫は、自分と同じものです」

「男、オスは、必要ありませんでした」

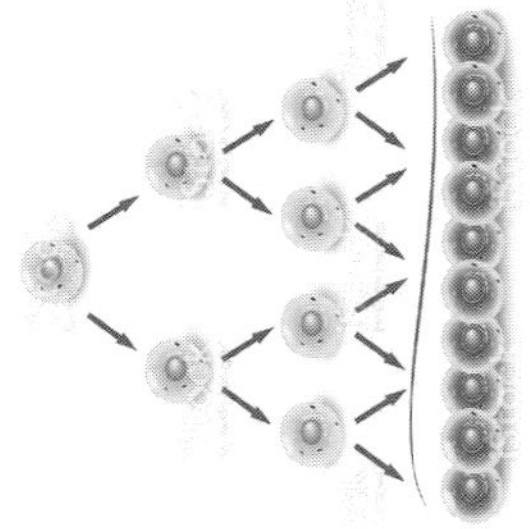

④　オスとメスが出会って、子孫を残すには、時間も手間もかかる。

「十億年が過ぎ、地球にオスが登場します」
「オスとメスの命の増やし方を見てみましょう」
「人間と同じように、オスとメスが出会い、子孫が生まれます」
「人間の場合は、一人か二人の子孫ですが、多くの子孫を残すものもいます」

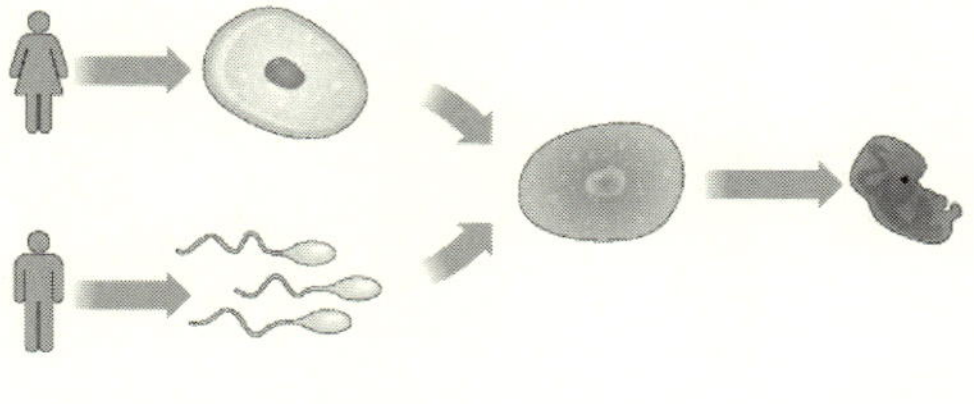

「分裂と比べてどこが違いますか。違いをノートに書きなさい」
・最初が、二人いる。
・オスとメスが必要。
・二人から一人ができる。
・分裂は、一人から子孫がたくさんできるが、オスとメスがいるときは、できる子孫が少ない。
「子孫を残すためには、まず、オスとメスが出会わなければなりません」
「もしかしたら、ものすごく遠くにいるかもしれない」
「出会うだけで一苦労です」

⑤　では、オスがいるのは、なぜか。

「では、オスとメスがいるのは、どうしてでしょうか」

もしくは、

「オスとメスで子孫を増やすとどんないいことがあるのでしょうか」

「これは、とっても難しい問題です。何しろ、うーんと昔のことです。世界中の科学者たちが、いろんな考えを出し合って、その証拠を見つけようとしています」

「まだ、はっきりとした答えは出ていません。みんなも科学者になったつもりで、話し合ってみましょう」
・両方のいいところを取り入れることができるからよい。
・自分と違う人ができるからよい。
・家族ができるから楽しい。

授業で「なぜ」という問いを安易に発してはいけない。「なぜ」と、聞いた時点で、思考停止に陥る児童がいるからだ。

教室のできるだけ多くの子が、思考し、話し合うことができるように問う。

⑥　オスがいることで、様々な性質（遺伝的な特質）の子孫ができる。

「オスとメスで子孫を残すといいことがあります」

「それは、オスとメスの特徴を半分ずつ受け継いだ子孫ができるからです」

「それは、親のオスとも親のメスとも全く同じものではありません」
「まったく、新しい特徴を持った子どもができます」
「親と似ているけど、全く同じではない子どもができるのです」
「ここまでの感想を短く書きなさい」

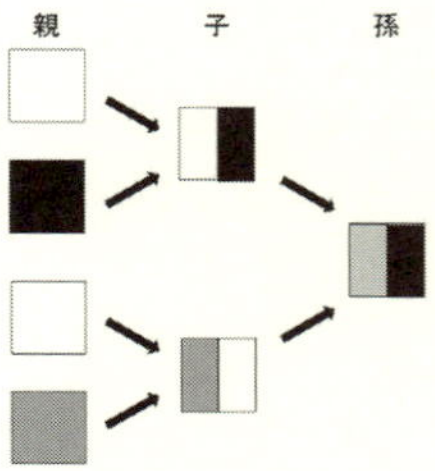

感想を書かせ、交流させる。
そのことで、授業が教師から子どもへの一方通行へとならない。

⑦ 様々な性質の個体がいることで、環境が変わっても生き残るものができる。

「○、□は、トマトが大好きな性格（性質）だとします」
「ある年、トマトに病気が流行り、食べた人が次々と亡くなりました」
「分裂だけで増えている生き物は、トマトを食べてしまい絶滅しました」
「ところが、オスとメスで増えている生き物を見てください」
「孫は、トマトが大好きな性格を持っていません」
「トマトを食べることなく生き延びることができました」
「どんないいことがありますか」
・みんな同じでないから、環境が変わっても生き残ることができる。

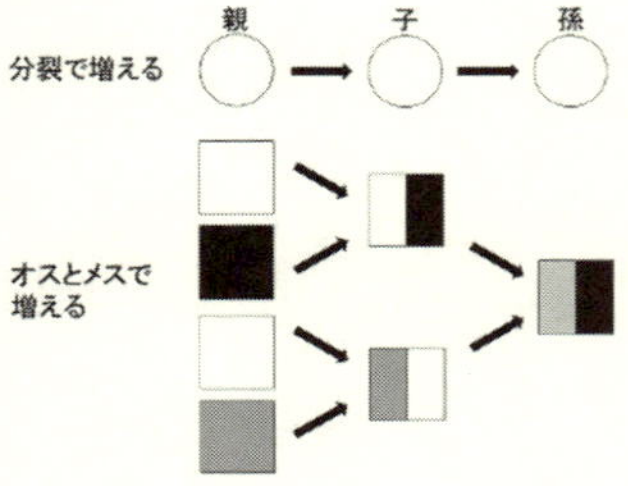

⑧　生物は、多様でなければ環境の変化に耐えられない。

「私たちに、人間に男と女がいて、様々な生き物にもオスとメスがいます」
「どんないいことがありますか」
・環境が変わったときに生き延びることができる。
「オスとメスだけではありません。私たちがみんなちょっとずつ違うのは、環境が突然変わっても、うまく生き延びるための自然の仕組みなのです」

「感想を書きなさい」

○著者紹介

河田孝文（かわた　たかふみ）

1964年山口県生まれ。大学卒業後小学校教師となり、教育技術法則化運動（代表：向山洋一）に出会い参加。法則化運動解散後は、TOSS（代表：向山洋一）に続けて参加。TOSS道徳教育研究会事務局担当。道徳教育に限らず、全国の教育セミナーで授業づくりを中心とした講座を務める。『子どもの心をわしづかみにする「教科としての道徳授業」の創り方』（学芸みらい社）、『子どもに教えたい大切なルール』（PHP研究所）他、単著、編著多数。

君たちは“いのち”とどう向き合うか

●究極の道徳教材＆授業づくり

GAKUGEI MIRAISHA

2018年6月1日　初版発行

著　者　河田孝文
発行者　小島直人
発行所　株式会社 学芸みらい社
〒162-0833 東京都新宿区箪笥町31 箪笥町SKビル
電話番号 03-5227-1266
http://www.gakugeimirai.jp/
e-mail : info@gakugeimirai.jp
印刷所・製本所　藤原印刷株式会社
企画　樋口雅子
校正　一校舎
装丁デザイン　小沼孝至
本文イラスト　大庭もり枝

落丁・乱丁本は弊社宛てにお送りください。送料弊社負担でお取り替えいたします。

ISBN978-4-908637-76-6 C3037